글쓰기 콘서트

글쓰기

논술

사람들은 왜
글쓰기와 논술을
어려워할까?

김은식 지음

이상

글쓰기 콘서트

2013년 10월 20일 초판 1쇄 인쇄
2013년 10월 25일 초판 1쇄 발행

지은이	김은식
펴낸이	이상규
편집인	김훈태
펴낸곳	이상미디어
등록번호	209-06-98501
등록일자	2008.09.30
주소	서울시 성북구 하월곡동 196
대표전화	02-913-8888
팩스	02-913-7711
E-mail	leesangbooks@gmail.com
ISBN	978-89-94478-36-4 13370

머리말

나는 한 번도 글쓰기를 체계적으로 배운 적이 없다. 게다가 논술시험도 없이 학력고사만으로 대학입학시험의 당락을 가름하던 시절에 학교를 다녔다. 무슨 수를 써서라도 200자 원고지 5장을 채워야 하는 '독후감' 방학숙제에 골몰하던 초등학생 시절 이후로는 두 단락 이상 이어지는 글 자체를 써본 기억이 별로 없는 지극히 평범한 학창 시절을 보냈다. 게다가 대학과 대학원을 다니긴 했지만, 문학을 공부해본 적은 없었기에 (내 전공은 정치학과 사회학이었다) 글쓰기에 대해 배우거나 고민해볼 기회도 별로 없었다. 심지어 나는 유별나게 고전문학의 감동에 심취하거나 작가를 꿈꾼 '문학청년'조차도 아니었다.

고백하건대 요즘 여기저기 대학이나 단체에서 발표하는 '청소년 필독서 100권' 중에서, 내가 고등학교도 아닌 대학을 졸업하기까지 읽어본 책은 결코 10권이 넘지 않았을 정도로 나의 문학적 소양은 평범하거나 혹은 수준 이하였다. 그런 내가 30여 권의 책을 쓰고 글쓰기에 대해 강의하는 것으로 밥벌이를 하고 있다는 사실에 가끔 혼자 생각하며 신기해하기도 한다.

역설적이지만 2000년대 초반 입시학원에서 학생들에게 논술을 가르칠 기회를 가지게 된 것은, 나를 글쟁이로 만든 결정적인 계기였다. 그 무렵에는 논술시험을 일종의 철학이나 사회과학 지식을 겨루는 시험으로 여기는 경향이 강했다. 그래서 사회학 전공자였던 나에게도 기회가 주어졌던 것이다.

논술시험을 앞둔 연말의 한두 달 동안은 매일 수백 장의 원고지와 씨름해야 했던 그 시절, 나는 오히려 글에 대한 눈을 뜨는 엉뚱한 소득을 얻을 수 있었다. 그야말로 초등학생의 것보다 나을 것 없는 고3 수험생들의 엉망진창인 글들을 읽고 또 읽고 고치다보니 잘 못쓴 글의 특징은 무엇이고 그 원인은 무엇인지를 알게 됐던 것이다. 질문의 핵심이 무엇인지도 모른 채 여기저기서 긁어다가 끼워 맞추려는 글, 자신이 무슨 생각을 담으려는지 분명히 갈피를 잡지 못한 채 쓴 글, 무턱대고 덤벼들어 쓰다가 생각하다가 쓰기를 반복한 글······.

나는 애초에 '글 잘 쓰는 방법'을 가르칠 능력이 없었기에 '글을 못 쓰는 이유'를 찾아 고쳐주는 데 주력했고, 결과적으로는 조금 더 짧은 시간 안에 더 쉽게, 더 많은 발전을 이끌어낼 수 있었다. 교학상장(教學相長)이라고 하던가, 그렇게 가르치면서 동시에 배우고 자신감을 키운 덕에 내 글을 쓰는 데도 좀 더 발전을 얻을 수 있었다. 그런 점에서 그동안 나에게 논술과 글쓰기를 배웠던 수많은 학생과 교사, 학부모, 직장인, 노인, 새터민, 결혼이민자, 탈성매매여성 등은 모두 나의 작은 스승들이기도 하다.

그동안 곳곳에서 갖가지 종류의 사람들을 대상으로 논술시험 답안지, 자기소개서, 자서전, 에세이, 문화비평문 등등 다양한 글쓰기를 강의했다. 하지만 누가 쓰든, 어떤 종류의 글이든, 필자의 생각을 효과적으로 독자에게 전달하는 '소통의 도구'라는 본질은 다르지 않다. 이 책은 애초에 그런 글쓰기의 공통적이고 본질적인 요소를 제대로 구현하기 위해 필요한 것들을 안내하려는 목적으로 시작했다. 물론 그 중 가장 절실한 처지에 있을 고등학생들을 위해 그들이 당장 써내야 할 논술시험 사례들을 가장 많이 사용했고 그것 중심으로 구체적인 설명을 해나갔다. 하지만 그 외의 모든 글쓰기에 대한 입문을 고민하고 있는 이들에게도 이 책이 도움이 될 수 있으리라고 감히 생각한다.

음치를 벗어나려면 양동이를 뒤집어쓰고 노래를 부르는 치욕적인 순간을 견뎌야 한다. 그렇게라도 자기 목소리를 직시하며 고치고 조정해야 하고, 그 다음 단계로는 남들 앞에서 부르고 평가를 받는 민망한 순간을 견뎌야 한다. 그 모든 과정을 이겨내면 드디어 수많은 군중들과 한 호흡으로 소통하는 '콘서트'의 짜릿한 순간을 누릴 기회도 얻을 수 있을 것이다. 글쓰기 역시 다르지 않다. 누가 보기 전에 얼른 찢어 없애버리고 싶은 창피함을 이겨내고 자신의 글을 스스로 읽고 고치는 끈기, 그리고 그 글을 남들 앞에 보이고 평가받는 용기를 가졌다면, 언젠가는 '작가'라는 이름으로 독자와 만나는 날에 이를지도 모른다.

　글에 관해, 나의 별 특별할 것 없는 성장기와 경험담과 그런 과정을 통해서 얻은 노하우들을 여러분의 앞에 놓고 소통해본다는 의미에서 억지스럽게나마 '콘서트'라는 제목을 이 책에 붙였다. 가능하다면 이 책이 읽히는 곳곳의 책상, 침대, 전철에서 콘서트로 시작해 마당놀이로 진화하는 영광이 이 책에 주어졌으면 하는 바람이다.

－2013년 10월 김은식

차례

논술은 글짓기가 아니다

1강. 글쓰기와 논술은 왜 어려운가 —————— 012

2강. 논술시험은 무엇을 평가하는가 —————— 029

논술 제대로 공략하기

3강. 요약의 기술 ——————————————— 046

4강. 자료분석의 기술 ——————————— 061

5강. 개념과 제대로 '통'하였는가 ————— 078

6강. 진짜 쟁점을 찾아야 한다 ————— 091

7강. 논거 없는 논지는 외롭다 ————— 102

8강. 논술시험이 요구하는 창의력 ————— 115

9강. 주체적으로 생각하기 ————————— 131

10강. 주관의 함정에 빠지지 마라 ————— 139

11강. 사회적 관점에서 해결책을 찾아라 ——— 149

03

문제 유형별 해법 찾기

12강. 비판 – 문제해결형 논제 풀이 —————— 160

13강. 설명형 논제 풀이 —————— 176

14강. 양론형 논제 풀이 —————— 190

04

글쓰기 실전 전략

15강. 개요 짜기 —————— 208

16강. 단락 짓기 —————— 218

17강. 좋은 문장 쓰기 —————— 226

18강. 퇴고의 기술 —————— 233

논술은
글짓기가 아니다

01 글쓰기와 논술은 왜 어려운가

↘ **'잘하는 방법'보다 '못하는 이유'를 생각하라**

공부를 잘하는 비법이 있을까?

　주변에서 '공부 잘하는 비법', 혹은 '짧은 시간 안에 성적을 올리는 비법'을 알려달라는 질문을 가끔 받는다. 하지만 그것은 '대머리 치료약'이나 '기적의 다이어트 성공비법'과 비슷한 것인지도 모른다. 대머리 치료약이나 다이어트 비법 따위가 이 세상 어딘가에 존재할 수야 있겠지만, 실제로 주변에서 그런 것을 구해서 확실히 효과를 봤다는 사람을 만난 적은 한 번도 없기 때문이다. 마치 기적의 비법을 활용해 매일 여덟 시간 이상 푹 자고 취미생활까지 다 하면서도 우수한 성적으로 명문대에 합격했다는 학생의 이야기처럼, 역시 별다른 노력 없이 약물 따위의 힘으로만 대머리를 치료하거나 기적적인 체중감량에 성공했다는 사람이 가끔 신문 광고에 나오기도 한다. 하지만 정작 주변에서 대머리나

비만으로 고생하는 사람에게 어떤 조언을 해줘야 할지를 생각하면 막막하다.

공부의 비법도 아마 세상 어딘가에 있을 수는 있다. 지난 수십 년 동안 대학 입학시험에서 가장 좋은 성적을 얻었던 수험생들의 공통적인 증언으로 확인된 '국가공인 공부비법'이 있지 않은가! 그러나 '교과서 위주로 공부하고 학교 수업에 집중하며 잠은 충분히 자고, 가끔 산책을 하거나 음악을 들으면서 컨디션을 조절한다'는 공인된 공부비법대로 실천할 수 있는 학생은 그다지 많지 않다.

그래서 늘 내가 내리는 처방은 이렇다. 세상에 존재하는지도 모르는 공부의 비법은 잊어버리고, 자신의 상태를 먼저 진단해볼 것. 말하자면 '공부를 잘하는 방법'이 뭔가 궁금해 하지 말고, '내가 지금 공부를 잘 못하는 이유'가 무엇인지를 찾아보라는 말이다. 왜냐하면 저마다 공부를 못하는 이유는 가지각색이고, 그에 따라 해결책도 달라지기 때문이다. 예컨대 체력이 부족한 학생은 운동을 하거나 보약을 먹어야 하고, 노력이 부족한 학생은 노력을 더 해야 하고, 기초가 부족한 학생은 다시 서둘러 기초부터 시작해야 하며, 공부법이 틀린 학생은 공부법을 바로잡아야 하기 때문이다. 공부에 있어서 각자의 노력, 혹은 '맞춤형' 도움이 중요한 이유가 바로 그것이다.

글도 마찬가지다. 글을 잘 쓰는 비법이란, 있을 수도 있겠지만 대부분의 사람들에게는 관심가질 만한 것이 아니다. 대신 스스로 글을 잘 쓰지 못하는 이유가 무엇인지를 먼저 생각해봐야 한다. 모든 일은 '잘

하는 법' 이전에 '못하는 이유'를 먼저 찾아야 한다. 그것이 순서고, 그것이 훨씬 현실적인 대안을 찾아내는 방법이다.

그런데 다행스럽게도 공부를 못하는 이유는 제각각인 반면 글을 못 쓰는 이유는 대부분 같다. 게다가 공부는 잘하는 학생도 있고 못하는 학생도 있지만, 글쓰기는 누구에게나 어렵고 골치 아픈 일이다. 그래서 한꺼번에 원인을 진단하고 한꺼번에 처방을 내리는 것이 가능하다. 여기서 그 원인을 분석하고 처방을 내려보자.

우리가 글을 잘 못 쓰는 이유는 무엇일까? 글을 써야 한다는 생각만 해도 머리가 아프고 두려움이 밀려오는 이유는 무엇일까? 원인은 두 가지다.

첫째, 써본 적이 없어서.
둘째, 쓰고 싶지 않아서.

어쩌면 너무 단순해서 당황스럽고 우습게 보일 수도 있다. 하지만 이 단순한 사실을 잘 생각해보면 각자 앞으로 어떻게 하면 좋은 글을 쓸 수 있는지에 대한 중요한 열쇠를 얻을 수 있다.

첫 번째 이유에 대해 생각해보자.

각자 태어나서 지금까지 써본 가장 긴 글이 200자 원고지로 몇 장 짜리였는지 한 번 생각해보자. 그러면 답은 중학생이든, 고등학생이든, 아니면 성인이든 크게 다르지 않을 것이다. 아주 특별한 경우를 제외하면, 초등학생 시절 방학숙제로 내던 5매 짜리(1,000자) 독후감이 인생에서 최장의 작문이었을 가능성이 높다. 왜냐하면 지난 수십 년간 한국인들이 몸담고 자라온 교육체계에서 그 이상의 글을 요구한 적이 없었기 때문이다. 암기와 찍기로 점철된 '객관식 문제'의 인생에서 장문의 글을 쓸 이유가 도대체 무엇이었겠는가?

내친 김에 좀 더 나아가보자. 그렇다면 우리가 평생 동안 썼던 모든 글을 200자 원고지로 계산한다면 몇 장 정도나 될까? 아마 초등학생 시절에 썼던 독후감, 그림일기, 그리고 친구에게 보냈던 문자메시지나 미니홈피 방명록에 남긴 글 따위를 몽땅 합쳐도 원고지 수천 장의 분량을 채우기가 빠듯할 것이다. 서점에서 살 수 있는 단행본 책 한 권이 보통 원고지 800매 정도로 이루어지니까, 우리가 평생 써본 글의 분량을 다 합쳐도 책 열 권 정도의 분량 밖에는 되지 않는다.

아무리 뛰어난 재능이 있다고 해도 어느 정도의 연습을 하지 않으면 잘할 수 없는 것이 진리다. 피겨스케이팅에서 올림픽 금메달을 딴 김연아 선수도 스케이트를 열 번째쯤 신어봤던 날에는 회전은커녕 꽤 여러 번 미끄러지고 넘어지기를 반복했을 것이다. 올림픽 수영 금메달리스트 박태환 선수 역시 수영장에 딱 열 번째쯤 가던 날에는 물을 좀 먹어야 했을 것이다. 마찬가지로 일평생 책 열 권 분량의 글도 써보지 못한 우리 대부분이 글을 못 쓰는 것은 너무나 당연한 일이라고 할 수 있다.

그런데 문제는 글쓰기와는 반대로 글을 읽는 능력이 굉장히 발달해 왔다는 것이다. 우리가 글은 거의 써본 적이 없지만, 읽기는 굉장히 많 이 했기 때문이다. 물론 한국인들은 형편없는 독서량으로 유명하다. 수 험서를 제외하면 1년에 책 한 권도 읽지 않는 사람이 숱하다는 통계는 '책의 날'(매년 4월 23일)마다 연례행사처럼 뉴스에 보도되고 있으니 말이 다. 스마트폰이 보급되면서 버스나 전철 안에서마저 게임과 dmb와 인 터넷에 자리를 빼앗긴 책이 더더욱 찬밥 신세로 몰리고 있다는 점을 생 각하면 거의 책과 담을 쌓고 사는 사람들이 얼마나 많을지는 상상할 수 있다.

그럼에도 불구하고 우리가 '읽어내는 문자의 양'이 '써내려간 문자 의 양'을 압도한다는 점은 거듭 우리의 글쓰기에 대한 공포증을 증폭시 킨다. 꼭 서점에서 책을 따로 사서 읽지 않았더라도 교과서, 참고서, 잡 지, 인터넷 기사, 심지어는 버스나 지하철을 타고 움직이면서도 심심해 서 읽게 되는 광고문구들까지. 혹은 화장실에 앉아서 볼일을 보는 동안 에도 심심해서 읽어대는 잡지나 신문, 하다못해 무슨 전자제품 매뉴얼 까지. 사실 우리는 그렇게 알게 모르게 끊임없이 글을 읽어댄다. 우리가 평생 동안 읽은 글자들을 200자 원고지 기준으로 계산해본다면, 아마 수십만 장에서 수백만 장은 될 것이 틀림없다. 책을 기준으로 삼는다면 수천, 수만 권 분량 이상의 문자들을 우리가 읽어내고 있는 것이며, 그래서 적어도 우리가 써온 글보다는 읽은 글이 수백, 수천 배 많다는 이야기다.

그러다보니 생각보다 우리의 글을 읽는 능력과 눈은 굉장히 높아져 있다. 예를 들어, 이외수나 김훈 같은 대작가의 책을 읽으면서도 어떤 것은 걸작인데 어떤 것은 좀 별로라고 이야기하고, 어떤 것이 그 작가의 대표작인데 어떤 것은 좀 매너리즘에 빠진 느낌이라고 거침없이 평하기도 한다. 말하자면 우리의 글 읽기 능력은 이외수나 김훈 작가가 글을 쓰는 능력과 비슷한 정도로 발달되어 있다는 것이다. 우리 모두는 이렇게 읽는 능력과 쓰는 능력이 균형을 이루지 못한 채 자라왔고 그것이 보편적인 현상이다.

그런데 이것이 더 큰 문제인 까닭은, 바로 우리가 쓴 글을 자신이 읽으면서 도저히 만족할 수 없기 때문이다. 우리가 글을 읽는 능력은 이외수나 김훈 수준까지 올라왔는데, 쓰는 글은 딱 초등학생 독후감 수준에 머물러 있다는 것이다. 정말 오랜만에 '느낌이 와서' 글 한 편을 써놓고 스스로 읽어보면 너무 유치하고 수준이 낮아서 혼자 얼굴 붉히다가 행여나 누가 읽고 비웃을까봐 얼른 찢어버리게 된다. 그리고 웬만하면 다시는 글을 쓰지 말아야겠다는 결심을 의식적으로나 무의식적으로나 굳히고 만다. 그래서 우리는 글을 잘 못 쓸 뿐 아니라 글 쓰는 것을 어렵게 생각하고 싫어하게 된 것이다.

그럼 어떻게 해야 할까? 간단하다. 충분히 발달한 읽기능력의 수준만큼 쓰기능력의 수준을 끌어올리는 것이다. 그러자면 다시 우리가 해야 할 일은 두 가지로 압축된다.

첫째, 지금 우리가 글을 못 쓰는 것은 너무나 당연한 일이라는 사실을 받아들이는 것. 즉, 현실을 수용하는 것.

둘째, 일단 글을 많이 쓴 다음, 자신이 읽어봐도 만족스러울 때까지 끈기 있게 고치는 것.

↘ 쓰고 싶지 않아서

이번에는 우리가 글을 잘 못 쓰는 두 번째 이유를 살펴보자. 그 두 번째 이유는 '쓰고 싶지 않아서'라고 했다. 무슨 뜻일까?

학생들이 쓰는 논술문들을 살펴보면, 글의 논지가 좋고 나쁘고를 떠나서 한 편의 글을 하나의 일관된 논지로 끌고 나가는 경우가 굉장히 드물다는 사실을 알게 된다. 1,000자 정도, 그러니까 200자 원고지 5매 분량 쯤 되는 글을 쓰면서도 처음부터 끝까지 일관된 주장을 펼치지 못하고 이랬다가 저랬다가 한다. 한 마디로 횡설수설하고 우왕좌왕하는 글이 태반이다. 그래서 흔히 논술시험이 굉장히 어려운 시험이라고들 하지만, 사실 알고 보면 논술시험은 최소한 수능시험보다는 훨씬 '우수한 성적을 받기 쉬운' 시험이다. 일단 논리적 일관성만 지키면 상위권에 속할 수 있는데다가, 무엇에 대해 써야 하고 어떤 요소를 포함해야 하는지만 정확히 이해하고 지키면서 쓰면 무난히 합격권에 들 수 있기 때문이다.

하지만 논술 답안지를 보면서 한숨을 푹푹 쉬면서 '참, 요즘 애들 답이 없구나' 하다가도, 인터넷 게시판이나 커뮤니티, 혹은 인터넷 기사 댓글에 올라오는 글을 보다보면 깜짝 놀랄 때가 종종 있다. 분명 중학생이나 고등학생, 심지어는 초등학생이 쓴 글인데도 정말 일관되고 논리정연해서 읽는 사람들을 빨려들게 하는 글들이 널려 있기 때문이다. 여러분도 동방신기가 분열된 책임이 누구에게 있느냐에 관한 기사라든가, 학교급식의 문제점을 지적하는 기사에 달린 댓글을 한 번 찾아보면 그런 생각이 들 것이다. 멤버들간에 내재된 갈등의 요소들을 정밀하게 분석하고 평가하면서 잘잘못을 가리는가 하면 연예기획사의 문제, 언론의 문제, 심지어는 연예인들을 바라보는 사회적 시선과 문화의 문제까지 조목조목 짚어내기도 한다. 그래서 읽다보면 이대로 논술시험 답안지로 삼으면 수석합격도 문제가 없겠다는 생각이 심심찮게 들기도 한다.

비결은 무엇일까? 논술 조기교육을 받은 강남 지역 부유층 가정의 학생들이 쓴 글일까? 몇몇 논술 신동들이 인터넷 세계를 주름잡고 있는 것일까? 그렇지 않다. 결국 글을 많이 써본 경험이 없고, 지식이 많지 않다고 하더라도, 누구나 각자 정말 관심이 있는 주제에 대해서는 최소한 일관되고 통일된 글을 쓸 수 있다는 것이다. 여러분도 만약 큰 맘 먹고 산 수십 만 원짜리 전자제품이 며칠 만에 고장이 났는데 제조사가 사용자 과실이라고 우겨대며 책임을 회피할 때, 그 회사의 홈페이지 게시판에 들어가서 항의의 글을 쓴다면 스스로도 놀랄 만큼의 논리력으로 불타오르게 될 것이다. 그런 글을 쓰면서도 논점을 벗어나거나 우왕좌왕하면서 횡설수설하는 사람은 없다.

그래서 기를 쓰고 일 년 이상 논술 공부에 매달려온 학생들이 답안지에 쓴 글이 논점을 벗어나거나 횡설수설하는 이유는 간단하다. 그 주제에 대해 사실 아무 관심이 없거나, 도대체 그 주제에 대해 '왜 자기가 끼어들어서 글을 써야 하는지 알지 못한 채 썼기 때문이다.

예컨대, 논술시험에서 자주 다루는 주제들로 오리엔탈리즘, 포퓰리즘, 패러다임 같은 것들이 있다. '제시문에서 설명하고 있는 오리엔탈리즘에 대해 요약하고, 그 개념을 활용해 우리 사회의 문제점을 찾고 해결책을 제시하라'라는 논제가 나왔다고 하자. 오리엔탈리즘이라는 개념을 정확히 이해하고 말고는 두 번째 문제다. 우선 이 주제에 대해 관심과 문제의식이 없다면 '해결해야 한다'는 생각이 들지 않을 테고, 그렇다면 해결책을 찾는 사고의 과정이 막연해질 수밖에 없다. 그런 경우 제시문에서도 뭔가 분명한 이야기를 하지 않고 추상적이고 비유적인 이야기만 해대고 있을 텐데, 어쩔 수 없이 학생은 제시문에 나오는 추상적인 단어 몇 개를 얼기설기 엮어서 스스로도 모르고 읽는 이도 알아보기 어려운 애매한 이야기들로 원고지를 채울 수밖에 없다. 관심도 없고 쓰고 싶지도 않지만, 그렇다고 쓰지 않으면 대학에 들어갈 수 없다는 공포심과 압박감 때문에 원고지 위를 허우적거리게 된다.

↘ **어. 쩌. 라. 고.**

십여 년 쯤 전에 가르쳤던 어느 여학생이 있었다. 1년 넘게 내 강의를 들었던 학생인데, 어느 날 오랜만에 첨삭을 해줄 기회가 생겼다. 그래서 그 학생이 쓴 글을 읽었는데 너무 실망스러웠다. 간척사업에 대한 견해를 쓰는 글이었는데, 찬성과 반대의 논거를 반듯하게 정리해놓은 다음 '우리 자신의 미래와 후손들의 삶을 고려하여 진지하고 신중하게 판단을 내려야 한다'는 결론으로 마무리되고 있었다. 한마디로 제시문들은 잘 정리해놓았지만 자기 생각은 한 줄도 들어가지 않은 글이었고, 여러 번 글을 쓴 경험이 묻어나는 노련함은 있었지만 논술문이 가져야 하는 핵심이 빠져 있었다. 1년 넘게 열심히 강의를 듣고 연습을 해왔는데도 그 정도의 글 밖에 쓰지 못한다는 사실이 많이 실망스러워 조금 도를 넘게 내가 짜증을 냈던 모양이다.

"야, 한 줄을 쓰더라도 너의 생각이 들어가야 논술문이 되는 거야. 지금 이 글은 이렇게 장황하게, 매끈하게 써내려갔지만 사실은 아무 의미가 없어. 이런 건 글이 아니야. 그냥 종이 낭비고 볼펜 낭비라고……."

1년 동안의 노력에 대해 그렇게 매도당하자 화가 났는지 아니면 그냥 내 말투가 너무 야속했는지, 그 친구는 독이 바짝 오른 표정으로 서늘하게 답했다.

"선생님. 그러니까 한 줄이라도 제가 진짜 하고 싶은 이야기를 써야 한다고 그러셨죠?"

순간 예사롭지 않은 목소리에 조금 위축됐지만, 나는 다시 강하게 받아쳤다.

"그래. 한 줄이라도 말이야. 그 주제에 대한 너의 깊은 고민과 솔직한 생각이 들어 있다면 그걸 토대로 살을 붙여서 좋은 글을 만들 수 있어. 하지만 이런 글은 아무리 길게 써도 다 쓰레기일 뿐이야."

그러자 그 친구가 살짝 들릴 듯 말 듯 코웃음까지 쳐가며 던진 답은 이런 것이었다.

"그럼, 저는 이 주제에 대해 딱 이렇게 한 줄을 쓰면 될 것 같아요. 어. 쩌. 라. 고."

어쩌라고? 정말 아무 관심도 없는 주제에 대해 자신만의 생각을 논술하라고 요구하면서, 정성을 다해 글 한 편을 써놓으면 기껏 '너의 생각이 없다'고 질타하는 폭력적인 과정에 대해 그 여고생이 던진 저항의 한 마디. 그 네 글자가 내 가슴 속을 파고들었고, 나는 잠시 멍해졌다. 그 녀석의 한 마디가 너무나 핵심을 정확히 찔렀기 때문이다.

사실 우리 대부분은 오리엔탈리즘, 포퓰리즘, 패러다임, 혹은 자본주의, 민주주의, 개인주의 등등에 대해 아무 관심이 없다. 생각해본 적도 없고, 제대로 배운 적도 없다. 그런데 대학들은 우리를 인생의 중요한 길목에 몰아세워놓고는 그런 주제에 대한 생각을, 그것도 깊은 고민을 담아서 논하라고 요구한다. 그래서 아이들은 제시문을 베껴대며 모르는 것을 아는 척 눙치느라 진땀을 흘리고, 횡설수설하며, 갈팡질팡한다. 평소에 생각해보거나 관심을 가져본 적도 없는 것에 대해 묻는 황당한 질문 앞에서 그나마 몸을 낮추고 살 길을 찾아보려는 애처로운 발버둥을 치고 있는 모습인 것이다.

그런데 여기서는 그런 입시제도와 시험의 문제점을 논하려는 것이 아니다. 당장 그 앞에서 우리가 어떻게 대응해야 하는지를 간구하는 것이 중요한 문제이기 때문이다.

대개의 경우 이렇게 관심을 가지고 있지 않은, 그래서 쓰고 싶지 않은 것에 대해 우리는 글쓰기를 강요받게 된다. 따라서 우리가 살면서 무의식중에 많은 것들을 읽어내면서 자연스럽게 체득한 논리력을 미처 글 속에 발휘하지 못하고 횡설수설을 연발하게 되며, 다시 그런 글을 스스로 읽으면서 좌절하고 포기하게 되는 악순환에 빠지게 된다.

그러면 어떻게 하면 좋을까? 역시 이것에 대해서도 두 가지 해결책을 제시할 수 있다.

첫째, 관심이 있는 주제에 대해서만 글을 쓴다.

둘째, 하지만 논술시험처럼 관심이 없어도 꼭 써야만 하는 상황이라면, 글쓰기에 덤벼들기 전에 그 주제가 나와 무슨 상관이 있는지를 생각해본다.

논술은 출제범위가 따로 없는 시험이지만 출제되는 주제들은 100% 우리 자신과 연관된 이야기들이다. '현시대 우리 사회를 구성하는 모든 개인들'과 아무 상관이 없는 주제가 논술시험에 출제된 적은 단 한 번도 없었다. 다만 추상도가 높고 딱딱한 개념들로 설명하다보니 그것을 제대로 받아들이거나 느끼기가 쉽지 않을 뿐이었다.

↘ 돼지고기와 상품의 논리?

기출논제 제시문을 통해 확인해보자.

> **문제** *성균관대학교 2013년 논술 모의고사
>
> 소비의 시대인 오늘날에는 상품의 논리가 일반화되어 노동과정이나 물질적 생산품뿐만 아니라 문화, 섹슈얼리티, 인간관계, 심지어 환상과 개인적 욕망까지도 지배하고 있다. 모든 것이 이 논리에 종속되어 있는데, 그것은 단순히 모든 기능과 욕구가 이윤에 의해 대상화되고 조작된다고 하는 의미에서뿐만 아니라 모든 것이 진

열되어 구경거리가 된다는, 즉 이미지, 기호, 소비 가능한 모델로 환기되고 유발되고 편성된다는 보다 깊은 의미에서다. 소비과정은 기호를 흡수하고 기호에 의해 흡수되는 과정이다. 기호의 발신과 수신만이 있을 뿐이며 개인으로서의 존재는 기호의 조작과 계산 속에서 소멸한다. 소비시대의 인간은 자기 노동의 생산물뿐만 아니라 자기 욕구조차도 직시하는 일이 없으며 자신의 모습과 마주 대하는 일도 없다. 그는 자신이 늘어놓은 기호들 속에 내재할 뿐이다. 초월성도 궁극성도 목적성도 더 이상 존재하지 않게 된 이 사회의 특징은 '반성'의 부재, 자신에 대한 시각의 부재다. 현대의 질서에서는 인간이 자신의 모습과 마주하는 장소였던 거울은 사라지고, 대신 쇼윈도만이 존재한다. 거기에서 개인은 자신을 비춰보는 것이 아니라 대량의 기호화된 사물을 응시할 따름이며, 사회적 지위 등을 의미하는 기호의 질서 속으로 흡수되어 버린다. 소비의 주체는 기호의 질서다.

이것은 장 보드리야르라는 철학자가 쓴 《소비의 사회》라는 책의 한 부분인데, 몇 해 전 어느 대학의 논술 제시문으로 나왔던 글이다. 자, 이런 글을 읽고 그것을 활용해서 우리 사회의 문제점을 지적하라는 문제가 나온다면 참 황당할 수밖에 없다. 도대체 무슨 말을 하는지를 알기도 어렵고, 대충 해독을 하더라도 그걸 왜 나한테 묻느냐는 생각이 들 만하다.

　그럼 이번에는 조금 다른 얘기를 해보자. 몇 해 전에 어느 고등학생이 만든 '죽음의 트라이앵글'이라는 동영상이 화제를 불러 모은 적이 있다. 수능, 내신, 논술이라는 세 개의 시험이 우리를 단단히 옥죄면서 죽음으로까지 내몰고 있다고 비판하는 내용이었는데, 그 내용의 사실 여부나 옳고 그름과는 별개로 많은 수험생들이 공감했다는 것만은 사실이다. 그 동영상을 본 학생들이 '우리는 부위별로 나뉘어 몇 등급, 몇 등급 하는 낙인이 찍혀 팔리는 돼지고기가 아니다'라는 말을 유행시키기도 했는데, 시험제도가 좋냐 나쁘냐를 떠나서 오직 시험 성적만 가지고 우열을 평가받는 우리 사회가 과연 제대로 올바른 길로 가고 있느냐 하는 점에서는 어른들도 생각해볼 점이 분명히 있었다.

　그런데 '우리는 등급대로 나뉘어 팔리는 돼지고기가 아니다'라는 말을, 논술 제시문에 흔히 등장하는 좀 어려운 개념으로 표현하자면, '우리는 상품의 논리에 지배되는, 하나의 기호에 불과한 존재가 아니다'라는 것이 되기도 한다. 바로 앞에서 봤던 황당한 논술 제시문에 나오는 이야기다.

　제시문에서는 '상품의 논리가 일반화되어 우리의 모든 것을 지배하고 있다'고 했다. '상품의 논리'란 무엇일까? 상품이란 팔리는 물건을 말하는 것이고, 그것은 오직 가격의 높낮이로만 비교되고 평가되며 교환된다. 즉 상품의 논리가 우리의 모든 것을 지배하고 있다는 것은 인간들마저 하나의 상품처럼 취급되고 인식된다는 이야기다.

　우리는 자신이 성적에 의해서만 평가된다는 것을 굉장히 불쾌하게 생각하지만, 사실은 우리도 다른 사람을 학벌이나 재산, 경력 등으로 평가하고 있다. 예컨대 결혼 상대자를 고를 때도 학벌을 따지고, 선생님이 명문대를 나온 분이 아니라면 아무리 잘 가르쳐도 조금 무시하는 마음이 들기도 하며, 어떤 학원에 가서 배울지 고를 때도 강사의 학력을 제일 먼저 체크하게 된다.

그런데 그 상품의 논리가 심지어 환상과 욕망마저 지배한다는 것은 뭘까? 바로 우리들의 꿈도 정말 우리가 하고 싶은 어떤 일이 아니라 좋은 대학을 가는 것, 좋은 직장을 다니는 것, 남들이 부러워하고 높이 평가하는 어떤 자리에 앉는 것이 되어버린다는 이야기다. 사실 죽음의 트라이앵글에 대해 이야기하는 순간에도, 우리는 마음속에서 더 좋은 대학에 가서 더 높은 자리로 올라가는 사람이 되고 싶다는 욕망을 떨치지는 못한다.

그래서 제시문의 마지막 문장처럼, 우리 시대에 사람은 무언가를 선택하고 결정하고 소비하는 역할을 하지 못한다. 모든 사람이 '남들이 부러워하고 남들이 높이 평가해주는' 사람이 되기 위해 발버둥칠 뿐인데, 마치 쇼윈도에 놓인 상품들이 서로 더 비싼 상품이 되기 위해 경쟁하는 것과 같다.

자, 이렇게 어렵고 딱딱하고, 우리와 아무 상관이 없는 이야기처럼 보이지만, 사실은 우리가 늘 말하고 싶어 하는 우리 자신의 이야기와 통할 수 있다. 그래서 만약 어떤 수험생이 저 제시문을 읽고, 그것을 자신이 마치 '정육점에 걸린 채 1등급을 받기 위해 몸부림치는 돼지고기처럼 느껴진다'는 이야기를 통해 풀어낸다면, 논술과목에서 최고점을 받을 수 있었을 것이다.

글쓰기라는 것이 그렇고, 논술시험도 그렇다. 자신의 생각과 고민이 들어 있지 않으면 아무 의미가 없고, 그래서 글을 쓰기 전에 먼저 충분한 생각과 고민을 해야 한다. 아무리 황당해 보이는 주제라고 하더라도 우리 자신의 문제로부터 시작해서 생각한다면, 얼마든지 좋은 글을 쓸 수 있다. 반대로 도저히 그럴 수 없는 주제가 주어진다면 좋은 글을 쓰기란 쉽지 않다.

정리해보자. 우리가 글쓰기와 논술을 어려워하는 이유는 두 가지다. 써보지 않았기 때문에, 그리고 쓰고 싶지 않았기 때문에. 그래서 우리는 앞으로 글을 잘 쓰기 위해서 많이 써야 하고, 또 자기 마음에 들 때까지 수없이 고쳐야 한다. 그리고 자신이 무엇에 대해 쓰고 어떤 생각을 담을 것인지 미리 충분히 고민해야 하며, 그 주제가 나와 어떤 관련이 있는지 생각해보는 연습을 되풀이해야 한다. 이것이 굳이 말하자면, 글을 잘 쓰는 비결이다.

 논술시험은 무엇을 평가하는가

↘ 룰을 이해하라

이번에는 본격적으로 논술시험에 대해 이야기해보자. 우리나라 수험생들, 특히 우등생들이 가진 고질병이 있다. 바로 '열심히 한다'는 것이다. 열심히 하는 것이 왜 병인가? 가끔은 자신이 무엇을 하는지조차 잊은 채 무조건 머리만 동여매기 때문이다.

쉬운 예를 하나 들어보자. 나이 50쯤 된 골골한 아저씨와 스무 살 안팎의 건장한 젊은이가 달리기 시합을 하려고 출발선에 섰다. 누가 이길까? 물론 젊은이의 압승이 예상된다. 하지만 상황을 약간 바꾼다면 아저씨가 이길 수 있는 가능성이 생길 수도 있다. 아저씨에게는 이 달리기의 결승지점이 5킬로미터 앞에 있다는 사실을 알려주고, 젊은이에게는 알려주지 않는 경우다. 그렇다면 결과는 예측하기 어렵다. 아니 오히려 아저씨 쪽이 유리하다고 할 수 있다. 젊은이는 출발신호가 떨어지자

마자 100미터 달리기 하듯 내달리다가 곧 퍼져버릴 수밖에 없을 테고, 아저씨는 속도 조절을 하면서 완주할 수 있을 테니 말이다.

이와 마찬가지로 지금 자신이 해야 하는 시합이 높이뛰기인지 멀리뛰기인지, 씨름인지 레슬링인지 모른다면 결과는 기대조차 하지 않는 것이 좋다. 그리고 똑같은 높이뛰기를 하더라도 바를 설치하지 않은 채 허공을 향해 뛰어야 한다면 결코 좋은 기록을 만들 수 없을 것이다.

논술시험도 마찬가지다. 논술시험이 백일장이나 수능시험 사회탐구 과목의 주관식 문제와는 완전히 다른 시험이라는 점을 정확히 이해해야만 제대로 답을 적을 수 있다.

그럼 논술시험은 왜 존재하고, 어떻게 평가되는지에 대해 알아보도록 하자.

↘ 논술시험의 목적과 평가항목

모든 시험에는 목적이 있다. 그 목적에 따라 평가항목과 채점표를 만든다. 그래서 예컨대 변호사나 세무사처럼 지식을 활용하는 사람을 뽑을 때는 해당 분야의 지식을 충분히 가지고 있는지 평가하고, 의사나 엔지니어를 뽑을 때는 그런 지식에 더해 기술까지 평가하기 위해 실기시험을 추가로 치른다. 반대로 경호원이나 환경미화원처럼 몸을 쓰는 사람들을 뽑을 때는 체력시험이 중요하다. 하지만 같은 체력이라고 해도 경호원은

강한 힘을 집중해 상대방을 제압하는 능력을, 환경미화원은 무거운 짐을 들어 옮기거나 짧은 거리를 빠르게 뛰는 능력을 평가받게 된다.

그렇다면 논술시험은 도대체 어떤 사람을 가려내기 위해 치르는 시험일까? 이렇게 물으면 어떤 학생들은 사회문제에 대한 지식을 많이 가지고 있는 학생을 가려내기 위한 시험이라고 답할 것이다. 또 어떤 학생은 글을 잘 쓰는 학생을 뽑기 위한 시험이라고 답할지도 모른다. 하지만 그것은 잘못된 생각이다. 모든 전공의 학생들이 사회문제에 대한 지식을 가질 필요는 없다. 또 모두 글쓰기를 잘해야 할 이유도 없다. 그런 잘못된 생각으로 배경지식을 암기하는 데만 주력하거나, 문장 표현력 연습만 열심히 했던 학생들은 항상 좋은 결과를 얻지 못했다.

해마다 논술시험이 끝나면 각 대학에서 논술답안을 채점한 교수님들은 TV나 신문 지면에 등장해 '학원에서 배운 배경지식을 억지로 우겨넣거나, 기계적인 형식을 고집한 글들을 많이 걸러냈다'고 설명하곤 한다. 잘못된 이해는 헛심만 쓰게 만들고, 결국에는 실패의 쓴맛을 보게 한다. 게다가 애초에 무작정 노력하는 경우에는 실패를 하더라도 그 원인을 알 수 없기 때문에 재도전을 하더라도 나아질 가능성이 낮아진다는 점에서 더욱 치명적이다.

그렇다면 논술시험의 진짜 목적은 무엇일까? 바로 '소통이 가능한 학생을 길러내고 가려내는 것'이다. 그렇다면 소통이 가능한 사람이란 무엇일까? 다른 사람의 말과 글을 알아듣고 이해할 수 있으며, 그것에 대해 자신의 생각을 표현할 수 있는 사람을 말한다. 도대체 왜 그것이 논술시험의 목적일까? 도대체 대학에서는 왜 그런 학생을 원한다는 것일까? 그것은 대학이 원래 소통을 통해 지식과 정보를 쌓아가는 곳이기 때문이다.

'스타킹'이나 '생활의 달인' 같은 TV 프로그램을 보면 온갖 분야에서 놀랄 만한 기술과 노하우를 가진 사람들이 나온다. 하지만 그 사람들이 그대로 대학에 가서 교수가 되고 학생들을 지도할 수는 없다. 혹은 대학에서 그 사람들을 위대한 학자로 인정하지도 않는다. 왜냐하면 그들은 혼자서 독특한 방법으로 자신만의 기술이나 노하우를 개발해내기는 했지만, 그것을 토대로 다른 사람들이 계속 덧붙이고 발전시키면서 쌓아나갈 수는 없기 때문이다.

반대로 우리가 흔히 '학문'이라고 부르는 것은 별로 신기하거나 특이할 것도 없고, 현실에서 당장 유용한 힘을 발휘하지 못하는 경우도 많다. 하지만 작고 사소해 보이는 것이라도 하나하나 객관적으로 입증해서 모두가 공유하고 참여해서 차곡차곡 쌓아올리는 작업이다. 그래서 학문은 느리지만 수백 년, 수천 년 세월이 흐르면서 계속 조금씩이라도 발전할 수 있는 것이다. 뉴튼이라는 과학자가 자신이 위대한 발견을 할 수 있었던 것은 '거대한 거인의 어깨 위에 올라탔기 때문'이라고 했는데, 이는 그런 학문의 속성을 잘 설명해준다. 뉴튼보다 훨씬 뛰어나고 유능했던 연금술사는 많았겠지만, 결국 그들보다 훨씬 위대한 발견을 한 것은 학문의 발전과정에 올라탔던 뉴튼이었다.

학생들이 대학에 가서 하는 일은 지금까지 학자들이 이루어온 학문을 배우고, 그것을 토대로 또 열심히 연구해서 그 위에 아주 조그만 것이라도 더 얹어서 다음 세대에게 넘겨주는 것이다. 그래서 대학은 '똑똑하고 유식한' 학생보다도 '말이 통하는' 학생을 절실하게 찾고 있다.

그런 목적은 곧바로 논술시험의 평가항목에서도 나타난다. 각 대학들이 논술고사나 논술모의고사를 치른 뒤 공개한 평가항목들에 공통적으로 들어 있는 요소들을 정리하면 다음 네 가지가 된다.

1. 창의력
2. 이해분석력
3. 논증력
4. 표현력

우리나라의 모든 논술시험은 바로 이런 기준에 의해 답안지들을 평가하고 채점한다. 물론 학교마다 특성이 있긴 하지만, 그것은 평가항목이 다르다기보다는 이 평가항목 중 어느 것에 더 많은 배점을 두느냐 하는 차이들일 뿐이다.

그런데 이 네 가지 항목 중에서 가장 중요도가 떨어지는 항목은 무엇일까? 바로 표현력이다. 대개 만점을 100점이라고 한다면 표현력에 배분된 점수는 10점 정도이다. 표현력에는 맞춤법, 띄어쓰기, 원고지 쓰는 법, 표현 방법 등이 포함된다. 하지만 그것을 다 합쳐서 10% 정도의 배점이 된다는 것은 사실상 별다른 변별력을 가지지 못하는 항목이라는 의미다. 아무리 뛰어난 학생도 표현력 항목에서 10점 만점을 받기 어려울 것이고, 또 띄어쓰기를 전혀 하지 않는다거나, 논술답안지에 이모티콘을 그려 넣거나 하는 행패를 부리지 않는 한 0점을 맞기도 어려울 것이기 때문이다. 그래서 잘하는 학생이 8~9점, 못하는 학생이 5~6점 정도를 맞는다고 하면, 정말 표현력이 뛰어난 학생과 정말 엉망인 학생 사이에는 기껏 3~4점 차이가 난다는 이야기가 된다. 이렇게 표현력이 중요한 의미를 가지지 않는다는 사실은 논술시험이 백일장 같은 글짓기 시험과 가장 크게 구별되는 점이다. 물론 백일장에서도 표현력이 가장 커다란 채점항목은 아니지만, 논술시험에서처럼 사소한 항목은 절대 아니기 때문이다.

그래서 본격적으로 논술시험 준비를 시작하려는 이들에게 우선 '표현력에 대한 걱정을 벗어나라'고 충고하고 싶다. 사실 원고지를 앞에 놓고 뭔가 글을 쓰려고 하면 제일 신경 쓰이는 것이 바로 맞춤법, 띄어쓰기, 원고지 쓰는 법 같은 것들이지 않은가? 하지만 논술시험에서 표현력이 차지하는 비중이 10% 안팎이라면, 그런 것에 대한 부담은 일단 내려놓아도 좋다.

그 다음으로 이해분석력과 창의력, 논증력은 모두 아주 중요한 항목들이다. 어떤 학교는 창의력에, 어떤 학교는 이해분석력에 좀 더 가중치를 두기도 하지만, 이 세 가지 항목은 대개의 논술시험에서 거의 3대 3대 3의 비중을 가지고 있다. 그렇다면 도대체 이해분석력과 창의력과 논증력은 어떤 능력을 의미하는 것일까?

우선 이해분석력이란, 논제와 제시문을 정확히 이해하고 요약하며 쟁점을 찾아내는 능력을 말한다. 한 마디로 말하면 논제가 지금 무엇을 묻고 있고, 또 그것을 어떤 범위와 조건 안에서 답해야 하는지 정확히 알아내는가를 평가한다.

그 다음으로 창의력이란, 말 그대로 풀어보자면 '새로운 것을 생각하는 능력, 새로운 생각을 만들어내는 능력'이다. 조금 더 현실적으로 말하면, 독자들이 가진 일반적인 생각보다 조금 더 깊이 파고들어 성찰하고 고민한 내용을 말한다. 하지만 논술시험에서 요구하는 것은 그보다도 얕다. 질문의 의미와 범위를 정확히 이해한 뒤 그에 맞는 답을 그 범위 안에서 내놓되, 얼마나 상투적이지 않고 설득력 있는 이야기를 꺼내느냐 하는 것이 관건이다(창의력에 대해서는 7강에서 좀 더 자세히 알아보기로 한다).

그 다음은 논증력이다. '논증'이라는 것은 말 그대로 논리적으로 증명하는 것을 뜻한다. 자신의 생각과 주장을 얼마나 객관적이고 설득력 있게 전개하느냐 하는 것을 평가한다.

그래서 세 가지의 평가항목을 순서대로 보면 이렇다. 논제가 묻는 것을 얼마나 정확히 이해하고, 그것에 대해 얼마나 읽을 만한 가치가 있는 내용을 만들어내며, 또 그것을 얼마나 설득력 있게 풀어낼 수 있느냐, 바로 이것이 논술시험이 측정하는 요소들이다.

자, 그러면 이런 기준을 가지고 간단한 예문을 하나 살펴보면서 과연 어떤 것이 잘 쓴 논술문인지 함께 감을 잡아보자.

↘ **좋은 논술문이란 무엇인가?**

간단한 연습논제를 하나 살펴보자.

> **문제**
>
> **다음 제시문을 참조하여 언론이 자신의 사회적 역할을 완수하기 위해 어떤 노력을 기울여야 하는가에 대해 논술하라.**
>
> 객관적 사실보도는 언론의 생명이다. 언론은 허위와 왜곡과 기만으로 가득 찬 사회 속에서 가장 신뢰할 만한 사실을 보여줌으로써 사람들의 판단과 행동의 준거가 되어야 하며, 그래서 시대의 등대라 불리기도 한다. 그러나 객관적 사실을 보도한다는 것만으로 언론의 역할이 모두 완수되는 것은 아니다. 분명 허위는 아니지만 단순한 흥미 본위의 기사, 혹은 독자나 시청자의 입맛에 맞추기 위한 뉴스와 기사들로 소중한 지면을 할애하는 일부 언론은 여론을 오도하거나 왜곡하기도 하기 때문이다.

언론의 역할에 관한 논제다. 이 논제에 대한 답안을 어떻게 써야 할까? 학생들이 쓸 법한 몇 편을 함께 살펴보자.

1. 언론은 거대해지고 복잡해진 현대사회에서 사람들이 직접 접할 수 없는 영역의 수많은 정보들을 제공해준다. 그런 언론이 있기 때문에 현대인들은 각자 자기 영역에만 전념하면서도 사회에서 일어나고 있는 여러 가지 일들에 대해 알고, 생각하고, 판단해서 행동할 수 있게 되는 것이다. 그런데 그 언론이 특정한 기업이나 집단, 혹은 정부와 유착해 왜곡된 정보를 제공한다면 그런 언론을 통해 정보를 얻게 되는 사람들은 한꺼번에 그 기업이나 집단, 정부의 조종에 놀아나는 꼴이 되고 만다. 실제로 우리 사회에서 그런 일은 종종 일어나고 있는데, 그래서 언론이 권력감시기구가 아닌 '제 4의 권력'이 되어버렸다는 비판도 제기되고 있는 것이다. 따라서 이제는 시민들이 직접 나서서 그 언론을 비판하고 감시함으로써 언론이 객관적 사실만을 보도해야 한다는 본분을 벗어나지 않도록 지키고 이끌어야만 한다.

2. 언론의 사회적 역할은 역시 객관적 사실보도를 하는 것에서 비롯된다. 수많은 개인과 집단의 이해관계가 얽혀 있는 사회에서 유통되는 많은 정보는 각자 그것을 생산한 개인이나 집단의 이익을 반영하고 있기 때문이다. 따라서 언론이 객관적인 정보만을 제공함으로써 사람들이 그런 이해관계에 휘둘리지 않고 정확한 판단과 행동을 할 수 있

도록 해야 한다. 하지만 오늘날 객관적 사실에 부합한다고는 해도 독자와 시청자의 입맛에 맞추기 위해 흥미 위주로만 보도하는 언론들은 비판을 받아야 한다. 그럴 경우 정말 중요한 사실들이 시민들에게 제대로 전달되지 못할 것이고, 그럼으로써 올바른 여론 형성이 저해될 수 있기 때문이다. 언론의 역할이란 객관적 사실보도에만 있는 것이 아니다.

3. 언론의 본분은 다음과 같다. 첫째, 객관적 사실만을 보도하는 것. 그리고 둘째, 독자의 관심과 호응에만 영합하지 말고, 사회에서 벌어지고 있는 중요한 일들을 균형 있게 보도하는 것. 따라서 비록 허위는 아니지만 독자들의 흥미와 입맛에만 영합해 얄팍한 정보만을 대량유통하는 황색언론들은 크게 반성해야 할 것이다.

이 세 편의 글 중에서 어떤 것이 가장 잘 쓴 글일까? 결론부터 말하자면, 세 편의 글 모두 시험에서 좋은 점수를 받기는 어렵다. 점수를 매기자면 절대로 70점을 넘길 수 없는 글들인데, 지금부터 그 이유를 하나씩 살펴보자.

우선 첫 번째 글. 이 글은 언론이 특정한 집단과 유착해서 왜곡된 정보를 유통시킬 때 우리 사회가 어떻게 오도될 수 있는지를 잘 설명하고 있고, 또 그 대안으로서 시민들이 직접 언론을 감시하고 이끌어야 한다는 것을 제시한다. 말하자면 창의력과 논증력이 갖추어진 글이라고 할 수 있다. 하지만 문제는 뭘까? 바로 논제의 요구사항을 잘못 이해해서 논점을 벗어나버렸다는 데 있다. 논제가 묻고 있는 대로 '언론이 역할을 완수하기 위해 어떤 노력을 기울여야 하는가'에 대해 정확히 답한 것처럼 보일 수도 있지만, 제시문이 설정한 범위를 벗어나 있다. 제시문에서는 객관적 사실보도도 중요하지만 독자의 흥미나 입맛만 추종하는 것도 문제라고 하고 있지 않은가.

분명히 사실이기는 하지만 독자의 흥미나 입맛만 추종하는 보도행태, 우리가 흔히 선정주의라고 부르는 것을 생각해볼 필요가 있다. 예컨대 어느 유명 연예인이 마약을 투약하다가 발각되었다는 것이 물론 중요한 뉴스일 수는 있다. 하지만 TV와 신문이 온통 그 소식으로만 지면을 채우는 사이 아주 중요한 국제조약이나 법안이 날치기로 통과되거나, 어느 공직자가 엄청난 부패를 저지른 것이 밝혀졌다거나 하는, 더 중요하고 모든 사람들이 알아야 하는 소식이 뒤로 가려질 수 있다. 결국 주요 사안에 대한 대중의 관심을 받지 못하게 함으로써 중요한 여론 형성과 의사결정을 저해하는 보도행태에 대해 비판하라는 것이 논제의 요구사항이다. 하지만 1번 답안은 그런 논제의 요구사항과 동떨어진 답을 썼기 때문에 좋은 점수를 받을 수 없다. 말하자면 '이해분석력'이 결여된 글이라는 얘기다.

그럼 2번 글은 어떨까? 2번 글은 논제와 제시문의 의미를 정확히 이해하고 설명해냈다. 어느 정도 이해분석력을 갖춘 글이라고 할 수 있다. 하지만 문제는 거기서 멈추었다는 것이다. 논제를 이해하고 답안의 범위를 파악했다면, 무엇을 어떻게 해야 하는지 자신의 생각을 써야 한다. 그런데 이 글은 그저 논제와 제시문의 이야기를 되풀이해서 설명해놓은 것에 불과하다. 말하자면 창의력 부분의 점수를 전혀 받을 수 없는 글이다.

3번은 어떨까? 제일 짧은 답인데, 위의 1번과 2번 글이 빼먹은 것이 들어 있다. 바로 선정주의적 태도로 일관하는 황색언론의 문제점을 지적한 것이다. 말하자면 논제가 요구하는 것이 무엇인지 정확히 파악해서, 그에 대해 답해야 할 것을 정확히 담고 있다. 나름대로 이해분석력과 창의력을 보여준 글이라고 할 수 있다. 하지만 역시 문제가 있다. 자기 멋대로 언론의 본분을 '첫째와 둘째'로 정해놓고, 그것을 하지 못했기 때문에 문제라고 쓰고 있기 때문에 설득력이 많이 떨어진다. 그보다 1, 2번에서처럼 '사실보도를 하지 않았을 경우에는 어떤 문제가 생기는지, 또 선정주의적 보도를 했을 때는 어떤 문제가 생기는지'를 꼼꼼하게 설명했다면 독자들이 누구나 '아, 그래선 안 되는구나' 하고 느낄 수 있었을 텐데 아쉽다. 그냥 '원래 이래야 하는데 그러지 못했다'는 식으로 선언해버리니까 읽는 사람들 입장에서는 '도대체 왜 그래야 하는 거지?' 하는 의문이 들게 된다. 논증력이 빈약한 글이다.

이런 글들은 절대 좋은 점수를 받을 수 없다. 앞에서 이해분석력과 창의력과 논증력이 각각 30% 정도씩의 비중으로 채점항목을 구성한다고 설명했는데, 달리 말하면 그 중 한 가지만 빠지더라도 절대 70점을 넘을 수 없는 글이 된다는 뜻이다.

그러면 어떻게 써야 좋은 글이 될까? 간단하다. 앞의 세 글이 가지고 있던 장점들을 그대로 합쳐서 한 편의 글을 만들어보자.

언론은 거대해지고 복잡해진 현대사회에서 사람들이 직접 접할 수 없는 영역의 수많은 정보들을 제공해준다. 그런 언론이 있기 때문에 현대인들은 각자 자기 영역에만 전념하면서도 사회에서 일어나고 있는 여러 가지 일들에 대해 알고, 생각하고, 판단해서 행동할 수 있다. 그런데 그 언론이 특정한 기업이나 집단, 혹은 정부와 유착해 왜곡된 정보를 제공한다면 그런 언론을 통해 정보를 얻게 되는 사람들은 한꺼번에 그 기업이나 집단, 정부의 조종에 놀아나는 꼴이 되고 만다. 실제로 우리 사회에서 그런 일은 종종 일어나고 있는데, 그래서 언론이 권력감시기구가 아닌 '제 4의 권력'이 되어버렸다는 비판도 제기되고 있다.

하지만 오늘날 객관적 사실에 부합한다고는 해도 독자와 시청자의 입맛에 맞추기 위해 흥미 위주로만 보도하는 언론들은 비판을 받아야 한다. 그런 보도행태는 우리 사회 구성원들의 삶에 더 큰 영향을 미치는 중요한 사안들이 오히려 관심을 받지 못하게 만든다. 그럼으로써 결국 진실을 은폐하는 것과 마찬가지의 결과를 초래할 수 있기 때문이다. 예컨대 TV 뉴스와 신문 지면이 80% 이상을 월드컵 관련 보도에만 집중하는 사이에 남북간의 서해교전, 의정부 여중생의 죽음, 그리고 지방선거와 국회의원 보궐선거 같은 중요한 사회적 이슈들이 아무런 관심도 받지 못한 채 흘러가버렸던 2002년은 그 대표적인 사례이다.

따라서 객관적 사실보도 못지않게 우리 사회에서 벌어지는 수많은 사실들을 언론이 균형 있게 보도하는 것의 중요성이 인식되어야 한다. 그리고 언론매체들이 특정한 집단과 유착하거나 독자의 취향에만 영합함으로써 더 많은 수익과 이익을 얻으려는 유혹 속에 늘 빠질 수밖에 없다는 점을 인식하고, 적극적으로 언론을 감시하고 이끌어내는 시민들의 참여와 노력도 반드시 뒤따라야 할 것이다.

자, 어떤가? 객관적 사실보도 외에도 언론이 본분을 다하기 위해 주의해야 할 문제가 있다는 이야기가 나오고, 그래서 선정주의적 보도행태가 왜 문제가 되는지 차근차근 설명하고 나서 언론에 대한 시민들의 적극적인 감시가 필요하다는 대안까지 나와 있다. 제시문이 가리키는 범위 안에서 논제가 요구하는 답안을 쓰되, 최대한 친절하고 설득력 있게 설명하는 글. 이 정도라면 꽤 괜찮은 점수를 받을 수 있다.

논술시험은 글쓰기 능력을 테스트하는 시험도 아니고, 배경지식을 겨루는 시험도 아니다. 논술시험의 핵심은 무엇을 묻는지 정확히 이해하고, 그것에 대해 자신의 생각을 얼마나 설득력 있게 전개할 수 있느냐에 달려 있다.

따라서 원래 글을 잘 못쓴다거나, 원래 아는 것이 별로 없다고 해서 절망할 필요가 전혀 없다. 차분하게 논제와 제시문을 읽고 정리한 다음, 무슨 이야기를 어떤 순서대로 전개하면 좋을지 궁리해보면 좋은 논술문을 쓸 수 있다.

　열심히 하는 것도 중요하지만, 어느 방향으로 어떻게 달릴 것인지 먼저 이해하는 것이 더 중요하다. 너무 급한 마음을 조금 진정시키고, 조금은 여유 있게 주변도 돌아보는 마음이 있어야 더 정확히 자신이 해야 할 바를 알 수 있다. 잠자는 시간, 밥 먹는 시간까지 줄이는 것이 대개의 경우 시험을 준비하는 데 별 도움이 되지 않는 이유가 그것이다.

논술
제대로 공략하기

03 요약의 기술

앞에서 논술시험은 '이해하는 능력'과 '생각하는 능력', 그리고 '표현하는 능력'의 세 부분을 평가한다고 했다. 그 중 이해하는 능력을 평가하는 가장 쉬운 방법은 요약을 시켜보는 것이다. 그래서 요즘 논술시험을 보면 짧은 문항 서너 개를 출제해 각각의 항목을 시험하는 경향이 두드러지고 있는데, 그 중 한 문제 정도는 요약을 요구하기도 한다.

하지만 그보다도 더 요약을 중요하게 생각해야 하는 이유는, 답안의 모든 논지는 요약된 제시문을 전제로 전개될 수밖에 없기 때문에 요약이 부정확하면 답안 전체가 빗나갈 수밖에 없다는 점이다. 그래서 별도로 요약 논제가 출제되는지 여부와 상관없이 정확한 요약은 논술시험에서 좋은 점수를 받기 위한 첫 걸음이다.

먼저 우리가 흔히 범하는 잘못된 요약의 습관부터 짚고 넘어가면서 시작해보자. 다음 제시문을 읽고, 어떻게 요약하면 좋을지 각자 한 번 생각해보자.

오늘날 경제성장은 가장 중요한 사회적 목표가 되고 있다. 각종 선거에서도 경제발전에 대한 비전과 구상을 가장 매력적으로 제시하는 후보에게 표가 쏟아지며, 지구 반대편에서 벌어지는 사건에 대한 뉴스도 그것이 우리의 경제적 이해득실과 어떤 관련성을 가지는지를 설명해야 비로소 관심의 대상이 될 수 있다. 물론 그 이유는 경제라는 것이 가지는 중요성 때문이며, 그 중요성은 돈이 가지는 범용성(汎用性)에서 비롯된다. 돈만 있다면 기술도, 복지도, 문화도, 혹은 군사나 외교도 해결할 수 있기 때문인 것이다. 따라서 사회갈등들의 대부분이 경제문제에서 비롯되는 것을 단지 사람들이 '돈에만 미쳐 있기 때문'이라고 매도할 필요는 없다. 경제문제에는 이미 다양한 가치와 영역과 대상의 문제들이 깔려 있으며, 그 모든 문제들이 공통적으로 만나는 것이 경제영역일 뿐이기 때문이다. 하지만 정작 경제성장 자체에만 매달리다보면 그 과정, 혹은 그 이후의 문제에 대한 사고가 마비되어버릴 수도 있다. 목적과 수단의 전도가 나타나는 순간이고, 우리가 말 그대로 수전노(守錢奴)로 전락하는 순간이다.

자, 이번에는 이 제시문에 대한 요약문의 사례를 하나 함께 검토해 보자.

오늘날 경제성장은 가장 중요한 사회적 목표이며, 가장 중요한 사회적 관심사다. 그 이유는 경제가 가지는 '범용성'에서 비롯된다. 경제가 성장하면 기술, 복지, 문화, 군사, 외교 등 여러 분야의 문제들이 해결될 수 있기 때문이다. 따라서 사회갈등이 대부분 경제문제에서 비롯되는 것도 사람들이 '돈에만 미쳐 있다'고 매도해서는 안 된다. 경제문제는 여러 가지 문제들이 공통적으로 만나는 영역일 뿐이기 때문이다. 하지만 너무 경제성장에만 매달릴 경우에는 목적과 수단이 전도되는 현상이 벌어질 수도 있다.

많은 학생들이 요약을 할 때 가장 중요하게 생각하는 것은, 제시문에서 하는 이야기의 범위를 벗어나서는 안 된다는 점이다. 물론 그것은 아주 중요하다. 요약은 철저히 제시문의 내용에 근거해야 하고, 불필요하게 자신의 생각이나 주장을 집어넣거나 해서는 안 된다. 하지만 너무 그 생각에만 집중하다보니 저지르는 실수들도 많이 있다. 대표적인 것이 제시문의 문장을 그대로 베끼는 문제, 그리고 제시문의 문장 하나하나에 너무 신경을 빼앗긴 나머지 제시문의 핵심적인 논지를 제대로 파악하지 못하는 문제이다.

쉽게 생각해보자. 요약문이란 제시문의 핵심논지, 그러니까 제시문의 필자가 정말 하고 싶었던 이야기가 무엇인지를 찾아서 쓰는 것이다. 그래서 흔히 훌륭한 요약문은 제시문의 '핵심적인 논지 + 핵심적인 논거'로 구성된다. 그런 점에 유의해서 위의 제시문과 요약문을 다시 한 번 살펴보자.

이 제시문은 이렇게 구성된다.

- 오늘날 우리 사회에서 경제문제가 가장 중요하게 다루어지고 있다.
- 그 이유는 돈이 가지는 범용성 때문이다.
- 하지만 너무 경제성장에만 관심을 집중시키다보면, 정작 그렇게 성장시킨 경제력을 가지고 무엇을 할 것인가 하는 목적을 망각하고 수전노로 전락할 수도 있다.

결국 필자가 전달하려고 했던 결론적인 메시지는 무엇일까? 바로 마지막 부분이다. 돈이 중요하기는 하지만, 그렇다고 돈을 버는 목적을 잃어버리면 돈의 노예가 되어버리고 만다는 것이다.

물론 위의 요약문에서도 그런 본문의 내용은 다 나와 있다. 그런 점에서 완전히 틀렸다고 할 수는 없다. 하지만 제시문의 핵심논지를 중심으로 부각시키지 못했다. 문장의 대부분이 경제문제의 중요성을 설명하는 데 할애되고 있고, 핵심적 논지인 '목적수단 전도의 위험성'에 대해서는 단 한 줄로 지나가고 있기 때문이다. 따라서 이 요약문만 보고는 제시문의 필자가 가진 중심적인 생각이 무엇인지 알기 어렵다.

이 요약문은 전형적인 '짜깁기 식'인데, 제시문에서 중요해 보이는 각 문장에 줄을 치고 나중에 모아서 엮은 글이다. 이렇게 할 경우 절대 제시문 밖으로 벗어나지 않겠지만, 제시문의 핵심논지를 부각시키거나 파악하기는 어렵다. 제시문의 핵심은 곳곳에 고르게 널려 있는 것이 아니라 한 곳에 집중되어 있는 경우도 많기 때문이다.

또한 제시문 문장을 그대로 베껴서 쓰는 것도 큰 문제다. 제시문은 압축적이거나 간결한 문장이 아니고, 때로는 은유나 반어법도 쓰기 때문에 맥락에서 떼어서 짜깁기를 하다보면 정확한 의미를 드러내지 못하는 경우가 많다. 어떤 경우에는 오히려 의미의 왜곡이나 굴절을 가져오기도 한다. 그래서 요즘에는 많은 학교들이 논제 맨 밑에 '제시문 속의 문장을 그대로 가져오지 마시오'라는 제한사항을 친절하게 적어두기까지 한다.

거듭 강조하지만 요약이란, 말 그대로 가장 중'요'(重要)한 부분을 간'략'(簡略)히 드러내는 일이다. 지금까지 요약을 '글자 수를 줄여서 제시문을 옮겨 쓰는 일'이라고 생각했던 학생이 있다면, 이제부터는 '제시문의 요지를 파악한 다음 간결하게 다시 설명하는 일'이라고 바꾸어 이해하도록 해야 한다.

잘못된 습관이 논지 파악을 방해하는 전형적인 사례가 있다. 다음 제시문을 각자 요약해본 다음 여기서 제시하는 사례들과 비교해보자. 좋은 요약문과 나쁜 요약문의 차이가 무엇인지 분명하게 감을 잡을 수 있을 것이다.

*2004년 서강대학교 논술 모의고사 논제와 제시문의 일부

다음 제시문을 요약하라(300자 내외)

국가는 사회에 있는 다른 조직에 비해서 어떠한 특징이 있는가. 회사라든가, 교회라든가, 위계구조를 가진 조직도 많고, 사람들을 관리하는 조직도 많습니다. 국가가 그런 조직들과 어떤 식으로 다른가 하면, 이른바 '정당한 폭력'을 독점하고 있다, 혹은 독점하고 있는 것으로 되어 있는 조직이라는 점입니다. 막스 베버에 의하면, 그것이 근대국가의 본질입니다. …(중략)…

이 '정당한 폭력'은 3종류가 있습니다. …중략… 경찰권, 처벌권 그리고 3번째가 교전권입니다. 이미 말한 바와 같이, 이것은 전쟁이라면, 그리고 전쟁법에 따른다면, 사람을 죽이는 것이 가능한 것입니다. 이것은 매우 당연한 것으로 되어 있고, 세계의 상식으로 되어 있지만, 다시 생각해보면, 거기에는 심히 불가사의한 사실이 있는 것으로 생각됩니다. 국가가, 즉 경찰이든 재판관이든, 혹은 군대가 막스 베버가 말하는 '폭력'을 사용할 경우, 웬일인지 그것은 충격적인 일이 되지 않습니다. 개인이 같은 행위를 한 경우와 달리, 그것을 한 것이 국가라면 아무 것도 충격적인 것이 아닌 것으로 됩니다. 거기에는 국가의 마법이 작용하고 있다고 생각할 수밖에 없습니다. …(중략)…

우리들은 매우 합리적이고 세속적인 시대에 살고 있는 것 같지

만, 국가는 아직 완전히 탈신비화되어 있지 않습니다. 왕권신수설의 시대에는 국가(국왕)는 신(神)의 대리로서 질서를 확립하고 있다고 생각되어, 국가에는 성스러운 측면이 있었습니다. 그러나 근대의 정치사상에 있어서 국가는 세속화되었습니다. 국가는 국민주권에 근거한 공리주의적인 사회계약으로 된 조직이며, 신비적인 요소는 남아 있지 않는 것으로 되어 있습니다. 그러나 지금도 국가에는 폭력 행위를 전혀 별개의 것으로 변화시키는 불가사의한 힘이 있습니다. 국가의 마법이라고 부르고 싶은 힘입니다. 하지만, 여기서 중요한 것은 그것이 마술이 아니라, 인간의 손으로 만들어진 요술에 지나지 않는다는 것입니다.

20세기는 홉스의 이론이 대대적으로 실험된 시대였습니다. 이제 2000년이 되었기 때문에 이 실험 결과가 나오고 있습니다. 이 100년간을 되돌아볼 때 어떤 모양이었는가 생각해봅시다. 결과는 확실합니다. 20세기만큼 폭력에 의해 살해된 인간의 수가 많았던 100년간은 인류의 역사에 없었습니다. 이것은 선례가 없는, 전혀 새로운 기록입니다. 그리고 누가 가장 많이 사람을 죽였는가 하면, 개인도 아니고, 마피아도 아니고, 조직깡패도 아닙니다. 그것은 국가입니다. 전혀 비교할 수가 없습니다. 엄청난 수의 사람을 죽여왔습니다.

하와이대학의 럼멜이라는 학자가 쓴 《정부에 의한 죽음》이라는 책이 있습니다. 이 사람은 얼마만큼의 인간이 국가에 의해서 살해되었는가, 하는 통계를 수집해온 전문가입니다. 국가에 의해서 살해된 인간의 수는 이 100년 동안 203,319,000 즉 2억 명에 달합니다. 이것은 그의 결론입니다. 혹시 이 숫자는 과장된 것일지 모릅니다. 과장된 것이라 해도, 절반으로 줄여보아도, 결론은 변함 없습니다.

20세기에는 괴물과 같은 국가가 몇 있어서, 그것이 이 무시무시한 통계를 만들어놓은 게 확실합니다. 나치 독일이 600만 명, 혹은 그 이상의 유태인을 살해했다고 말하는데, 그것도 이 숫자에 들어 있습니다. 그리고 럼멜에 의하면, 스탈린 시대의 소련에는 고의적인 아사(餓死) 정책이 있어서, 이것도 통계에 포함되어 있습니다. 사고방식에 따라서는 그것을 포함시키지 않는 사람도 있을지 모릅니다. 포함시키지 않더라도 무시무시한 숫자, 가공할 통계라는 것에는 변함이 없습니다.

또 하나 경악할 만한 것이 있습니다. 그것은 국가가 누구를 죽여 왔느냐 하는 것입니다. 만약 살해된 사람이 거의 외국인이라고 한다면, 이것이 가공할 통계라 하더라도 어떻든 국가는 자기 국민과의 처음의 약속을 지켜왔다는 것으로 읽힐 수 있습니다. 각 국가가 적국의 군대를 죽인다고 한다면 그렇게 말할 수 있을 것입니다.

그런데 그렇지 않습니다. 살해된 것은 외국인보다도 자국민 쪽이 압도적으로 다수입니다. 럼멜에 의하면, 국가에 의해서 살해된 약 2억 명 가운데 129,547,000명, 약 1억3천만 명이 자국민이라는 것입니다. 물론 통계는 여기서도 또 600만 명의 유태인이라든가, 스탈린이 죽였다고 하는 농민들도 포함한 것이지만, 그렇다 해도 잘 생각해보면, 지금의 세계에도 자기 국민밖에 죽이지 않는 군대를 가진 국가는 많이 있습니다. 필리핀 군대는 제2차 세계대전 이래 외국인과 싸워본 일이 한 번도 없지만, 필리핀 사람들을 많이 살해해왔습니다. 인도네시아 정부는 "동티모르인은 인도네시아 인이다"라고 주장하면서 죽여 왔습니다.

이것은 어느 멕시코 사람에게서 들은 얘기이지만, 멕시코는 어째서 군대를 갖고 있는가? 누구와 전쟁을 하는가? 남쪽으로 접해 있는 작은 나라 과테말라와 전쟁한다는 것은 아무도 예측하고 있지 않으며, 북쪽 국경을 향하면 미국이 있는데, 미합중국과 전쟁한다면 멕시코 군대는 아무런 쓸모도 없다, 라고 그는 말했습니다. 그런데도 어째서 군대가 있는가. 멕시코인 자신과 전쟁하기 위해서입니다. 예를 들면, 최근에는 남부의 치아파스 주(州) 원주민과의 분쟁이 크게 신문에 나오고 있습니다. …(중략)…

20세기는 전쟁의 세기였지만, 가장 많은 사람이 살해된 전쟁은 국가 간의 전쟁이 아니라 국가와 자국민 사이의 오랜 전쟁이었습니다. 그리고 국가가 살해한 2억 명은 대부분 전투원이 아니었습니다. 지금도 그렇지만, 국가 간의 전쟁에서도 군인이 죽는 수보다도 비전투원 사망자 수가 반드시 더 많습니다. 생각해보면 당연합니다. 군대는 죽이기 어렵기 때문입니다. 무기를 갖고 있고 훈련을 받아, 몸을 지키는 방법을 알고 있으므로 죽이기 힘듭니다. 그것에 비해서 비전투원은 무기도 갖고 있지 않고, 자기방어 훈련도 받지 않았기 때문에 자기 몸을 지킬 방법을 모릅니다. 전장에서 되는대로 도망가지만, 매우 죽이기 쉽습니다.

럼멜은 데모사이드(democide)라는 말을 만들었습니다. 그것은 국가가 고의적으로 비무장 민간인을 죽인다는 의미입니다. 데모사이드는 전쟁에서 적의 군대를 죽인다고 하는 국제법으로 허용된 '정당한 폭력'과 달리, 국가에 의한 명백한 살인입니다. '민살(民殺)'이라고 해야 할지 모릅니다. 럼멜에 의하면, 전쟁에서 '정당하게' 죽은 군인의 수보다도 '민살'로 죽은 수가 압도적으로 많습니다. 국가에 의해 살해된 2억 명 중에 '정당한' 전사자는 34,021,000명이지만, 국가에 의한 민살은 169,198,000명으로 약 5배나 됩니다.

또 하나, 럼멜이 통계로 실증해 보여주는 것은 국가가 권위주의적일수록 사람을 죽이는 수, 특히 민살이 많아진다는 것입니다. 그는 모든 정부를 전체주의, 권위주의, 대의 민주주의 등 3개의 카테고리로 나누고 있습니다. 그렇게 해서 다음과 같은 결과를 얻었습니다.

	민살(民殺)	전쟁
대의민주주의	2,028,000	4,370,000
권위주의	28,676,000	15,298,000
전체주의	137,977,000	14,354,000
기타(테러 등)	518,000	

그는 이로써 민주주의를 옹호하려고 합니다. 확실히 이것은 민

앞에서 '핵심'은 제시문의 여기저기 균등하게 널려있는 게 아니라 한 곳에 몰려 있을 수도 있다고 했다. 하지만 그것이 어디에 몰려 있는지, 혹은 퍼져 있는지를 미리 알 수는 없다. 그리고 아무리 꼼꼼하게 읽더라도 대학의 당락을 결정하는 중요한 시험이라는 긴장감 속에서, 쉽지 않고 익숙하지 않고 짧지도 않은 인문 사회과학 제시문의 요지가 단숨에 파악되는 경우는 많지 않다.

제시문을 요약하려면 문장 하나하나의 의미가 아니라 제시문 전체의 구조를 한 눈에 볼 수 있어야 한다. 그러려면 제시문을 읽으면서 매 단락을 한 줄 정도로 요약해서 메모해야 한다. 그런 다음 그렇게 메모된 것들만 모아서 보면 전체 구도가 파악되는데, 이것은 우리가 나중에 이야기하겠지만 글을 쓰기 전에 먼저 만들어야 하는 개요와 똑같은 모양이 된다. 말하자면 이미 만들어진 글에서 개요를 뽑아내는 작업이다. 위의 제시문에서 개요를 뽑아내면 대략 이렇게 된다.

- 근대국가의 특징 : 정당한 폭력을 독점하는 것
- 즉, 국가의 폭력만큼은 정당하다고 여겨지는 '국가의 마법'이 있다

- (왕권신수설이 아닌) 사회계약론의 시대에도 존재하는 그런 관념은, 사실은 마법이 아니라 인간이 만들어낸 것이다
- 20세기에는 역사상 가장 많은 수(2억 명 이상)의 민간인이 자국 정부에 의해 죽임을 당했다. 그것을 럼멜 교수는 데모사이드, 혹은 민살(民殺)이라고 했다
- 럼멜의 연구에 따르면, 권위주의적인 정부일수록 민살이 많았다
- 럼멜은 그 연구를 통해 민주주의를 옹호했다. 하지만 원자폭탄을 투하한 나라가 민주주의 국가였다는 점을 잊어서는 안 된다

일단 이렇게 개요를 만들어놓고 보면 제시문 전체의 구도와 내용이 한 눈에 보인다. 요약을 하기 전에 먼저 이렇게 작업을 해놓으면 굉장히 편해진다. 꽤 긴 글이고, 비유와 상징을 많이 사용한 난해하고 애매한 글이라고 하더라도 한결 구체적으로 인식하고 이해할 수 있다. 하지만 이것으로 충분한 것은 아니다. 그럼, 이 개요를 토대로 요약문을 만들어본다면 어떻게 될까? 이런 과정을 거친 학생들 중, 다음과 같은 요약문을 쓴 사람들이 많을 것이다.

오늘날에도 국가의 폭력만큼은 정당한 것으로 여겨지는 경향이 있는데, 이런 '국가의 마법'은 사실은 인간이 만들어낸 관념이다. 20세기에는 역사상 가장 많은 수(2억 명 이상)의 민간인이 자국 정부에 의해 죽임을 당하는 데모사이드, 혹은 민살(民殺)이 벌어졌는데, 그 수는

권위주의적인 정부일수록 더 많았다. 이런 점에서 민주주의의 필요성이 강조될 수 있다. 하지만 원자폭탄을 투하한 나라가 민주주의 국가였다는 점도 잊어서는 안 된다.

좋은 요약문인가? 물론 전체적인 내용을 파악하고 균형 있게 반영한 것은 좋다. 하지만 이상한 점이 몇 가지 있다. 결정적으로는 제시문의 논지가 무엇인지 분명히 드러나지 않았다.

우선 국가의 마법에 관한 이야기와 데모사이드에 관한 이야기가 어떻게 연결되는지 분명하지 않다. 그리고 마지막 문장도 애매하다. 기껏 '잊어서는 안 된다'는 흐리멍덩한 이야기를 하려고 저 긴 글을 썼을 리가 없지 않은가? 그렇다면 과연 필자의 의도는 무엇이었을까?

제시문의 개요를 뽑아냈다면, 그 다음에는 생각을 좀 해야 한다. 제시문의 핵심논지는 구석에 박혀 있을 수도 있고, 아예 숨겨져 있을 수도 있다. 그리고 이렇게 숨겨져 있는 경우라면, 그것이 무엇인지를 제시문의 맥락 안에서 유추해야 한다. 이 제시문의 경우에, 필자는 럼멜이라는 교수의 연구를 빌어 자신의 생각을 설명한다. 하지만 결정적인 순간에 필자는 럼멜 교수와 의견이 다름을 나타낸다.

럼멜 교수의 생각은 간단하다. 권위주의적인 정부일수록 민살이 많이 일어났고, 민주적인 정부일수록 민살이 적었다. 따라서 우리는 권위주의적인 정부를 민주적인 정부로 바꾸기 위해 노력해야 한다. 하지만 제시문의 필자는 럼멜의 견해에 대부분 동의하기는 하지만, 마지막에는 '민주적인 정부에서도 민살이 일어나지 않았느냐'는 의문을 제기한다. 제시문 필자가 생각하기에 민살의 원인은 권위주의적인 정부가 아니었던 것이다. 그렇다면 무엇일까? 바로 제시문의 앞부분에 나오는 국가의 마법, 즉 국가가 행하는 폭력을 폭력으로 생각하지 않는 이상한 착각이 민살의 근원적인 원인이라고 생각했던 것이다.

그렇다면 제시문의 필자가 생각하는 민살의 해결책은 무엇일까? '국가의 마법'을 타파하는 것, 즉 국가가 행하는 폭력도 폭력으로 인식하고 그 폭력수단을 빼앗는 것이다. 아마도 이 제시문의 필자는 군대나 경찰 같은 폭력기구의 존재 자체를 반대하는 극단적인 평화주의자일 가능성이 높다.

그래서 이런 제시문의 핵심논지를 잘 반영한 요약문을 만들려면, 이렇게 해야 한다.

20세기에는 역사상 가장 많은, 2억 명 이상의 민간인이 자국 정부에 의해 죽임을 당했다. 럼멜은 이를 데모사이드, 혹은 민살(民殺)이라고 표현했는데, 그는 권위주의적인 정부일수록 민살이 더 많았다는 점에서 민주주의의 필요성을 강조했다. 하지만 민주주의 국가에서도 민살은 벌어져왔다는 점에서 럼멜의 생각은 한계가 있다. 따라서 그것을 극복하기 위해서는 국가의 폭력을 폭력으로 인식하지 못하는 '국가의 마법'을 깨고, 국가의 폭력도 비판하고 감시해야만 한다.

이 요약문에는 비로소 제시문의 핵심적 논지가 드러났다. 바로 '국가의 폭력도 비판하고 감시해야 한다'는 필자의 결론적인 주장이 드러났고, 요약문의 중심을 차지하게 되었다.

그럼 간단히 요약하는 순서를 정리해보자.

요약의 순서

1. 제시문을 단락별로 나누어 읽고, 각 단락(부분)의 요지를 메모한다.
2. 메모된 각 부분의 요지를 다시 읽으며 '핵심논지'를 파악한다.
3. 핵심논지 중심으로 요지들을 재배열한다.
4. 요약문의 개요를 만들고, 제시문에 드러나지 않았거나 비유적으로 설명된 내용을 추가하면서 요약문을 작성한다.

요약에서 가장 중요한 일은 제시문의 핵심논지를 드러내는 것이다. 그러기 위해서는 그저 제시문에서 이 문장 저 문장 끌어다가 짜깁기를 할 것이 아니라 개요를 뽑아내고, 한 번 더 생각해야 한다는 점을 명심해야 한다.

04 자료분석의 기술

독자를 설득하거나 자신의 주장을 설명하는 글을 쓸 때 다양한 자료와 수치들을 인용해야 하는 경우가 있다. 특히 공신력 있는 기관에서 만들어낸 통계자료는 자신의 생각과 주장이 자신만의 것이 아니라 '객관적인 것'임을 입증해줄 수 있는 좋은 근거가 되기 때문에 특히 중요하게 생각해볼만 하다.

물론 그런 이유 때문에 요즘 논술 시험에서도 제시문이 점점 다양하게 나오는 추세다. 문자로 된 제시문 속에 숫자가 섞여 있다는 사실만으로도 골치아파하는 학생들이 많기 때문에 각 대학들은 '난이도 조정의 수단'으로도 적극 활용하는 편이다.

반 쯤 물이 차 있는 컵을 보면서 어떤 사람은 '반 밖에 없네'라고 하고, 어떤 사람은 '반이나 있네' 라고 생각한다. 그것은 똑같은 객관적 사실을 어떤 마음으로 받아들일까 하는 자세의 차이다. 그것을 놓고 가득 찼다거나, 거의 비었다거나 하는 식으로 '객관적 사실' 자체를 다르게 해석하거나 설명해서는 안 된다. 현상을 파악하는 데 있어서 핵심은, 어떻게 객관적 사실 그 자체를 읽어내고 그것을 다시 언어화해서 설명하거나 주장의 근거로 삼느냐 하는 것이다.

간단한 연습문제와 예문 하나를 함께 보면서 생각해보자.

	한국	중국	일본	미국
1970	78.2	86.2	83.1	58.3
1980	67.3	85.5	80.3	52.1
1990	58.2	79.3	77.9	43.3
2000	55.3	66.8	73.3	37.9

*'유학중 고국에서 전쟁이 나면 곧 귀국하겠는가?'라는 설문에 대한 '예' 응답자의 비율

자, 이런 표가 있다고 하자. 미리 밝혀두자면, 이것은 완전히 허구적인 공상 속의 표다. 행여나 이 표의 수치들을 다른 곳에서 인용하는 일이 없기를 바란다. 하기야 조금만 생각해보면, 어느 누가 저런 설문을 가지고 30년에 걸쳐 4개국 국민에게 반복해서 질문을 하겠는가?

저런 설문조사 결과가 있다고 가정했을 때, 2000년대 한국인의 답변 비율은 55.3%다. 이것은 높은 것인가? 낮은 것인가? 어쨌든 과반수니까 높다고 보는 사람도 있을 것이고, '당연히 모든 국민이 그렇게 생각해야 한다'는 관점에서 '낮다'고 받아들이는 사람도 있을 것이다. 하지만 저 숫자를 객관적으로 '높다' 혹은 '낮다'고 해석할 수 있는 방법은

오로지 다른 국가와 비교하는 것뿐이다.

생각해보면 너무나 당연한 것이다. 이번 중간고사에서 수학 과목에 대한 우리 반의 평균점수가 95점이라고 하자. 높은 것인가? 낮은 것인가? 얼핏 굉장히 높아 보일 수도 있다. 하지만 만약 전교 평균이 99점이고, 우리 반이 10개 반 중에서 반 평균이 꼴찌라고 한다면 당연히 그것은 굉장히 낮은 평균점수이다. 숫자의 크고 작음을 판단하는 유일한 기준은 다른 숫자다. 따라서 표 속의 숫자 역시 비교를 통해서만 의미를 부여할 수 있다.

그런데 여기서 유의할 점은, 비교 가능한 모든 대상과 비교해야 한다는 점이다. 쉽게 말하면 표의 가로축과 세로축, 모두를 비교의 대상으로 삼아야 한다. 표로 돌아가서 자세히 살펴보자.

이 표에서 가로로는 국가별 비교를 할 수 있고, 세로로는 시대별 비교를 할 수 있다. 말하자면 '2000년대 한국인'에 해당하는 숫자는 70년대, 80년대, 90년대 한국인의 것과도 비교해야 하고, 동시대 중국인, 일본인, 미국인의 답변과도 비교해야 한다. 이 점을 잊어서는 안 된다.

예문의 표를 해석해보면 이렇게 된다. 2000년대 한국인들의 답변율은 중국이나 일본인보다 낮고, 미국인보다는 높다. 그리고 '과거의 한국인들'보다는 낮다. 이것만큼은 가치관을 떠나 누구나 받아들일 수밖에 없는 해석이다. 그리고 그것이 바로 객관적인 해석이다.

그래서 표를 통해 이렇게 설명할 수 있다. '한국인 중에서 유학중 고국에서 전쟁이 터졌을 때 곧바로 귀국하겠다는 사람의 비율은 같은 아시아지역 국가들인 일본이나 중국에 비해 낮은 편이며, 또한 지속적으로 낮아지는 추세를 보이고 있다. 하지만 한국을 비롯한 아시아지역 국가들이 서양권인 미국에 비해서는 지속적으로 높은 답변의 비율을 나타내고 있다.'

그런데 여기서 끝나지 않는 경우가 있다. 단지 크다 작다 뿐만 아니라, 커지고 있는가 작아지고 있는가, 혹은 얼마나 커지고 있고 얼마나 작아지고 있는가 하는 것도 중요하게 읽어야 하는 경우가 있기 때문이다. 다음 표를 보자.

한국	중국	일본
1,680	305	9,128
6,154	339	24,725
10,890	852	37,448
20,300	4,283	42,500

*아시아 각국의 연도별 1인당 GDP 변동 추이 (단위 : $)

이 표에서는 중국에 주목해보자(앞의 표와 달리 이 표는 가상이 아니다. 인용해도 좋은 실제 수치다). 중국의 1인당 국내총생산은 꾸준히 늘고 있지만, 한국이나 일본에 비해서는 상당히 낮은 수준이다. 하지만 오늘날 중국을 '못 사는 나라'로만 생각하는 사람은 거의 없다. 그보다는 '머지않아 세계 최대의 경제대국이 될 것이 확실한 나라'라고 생각하는 사람이 더 많다. 그 이유를 위의 표에서 읽을 수 있다.

중국은 90년대 이후부터 한국이나 일본보다 훨씬 빠른 속도로 성장하고 있다. 1990년과 2000년 사이 일본은 1.51배, 한국은 1.76배 성장한 반면 중국은 2.51배 성장했고, 2000년과 2010년 사이 일본은 1.13배, 한국은 1.86배 성장한 반면, 중국은 무려 5.02배나 성장하고 있기 때문이다. 따라서 이런 추세가 계속된다면 곧 한국이나 일본과의 격차는 사라져버릴 것이고, 오히려 추월할 수 있을 것이라는 전망이 가능하다. 그리고 이것이 지금의 격차보다도 더 중요하게 다루어질 수도 있다.

그럼 이런 점들을 고려해서 기출논제의 한 부분을 다루어보도록 하자. 다음 페이지의 1번 논제는 2003년 성균관대 정시 논술고사에 출제되었던 것이고, 2번 논제는 2007년에 고려대 논술 모의고사에서 출제되었던 것의 한 부분이다.

1. 〈표〉를 하나씩 선택하고 그것을 활용하여 한국의 현재 상황을 진단하라.

〈표1〉주당 평균 근로시간(제조업)

국가/연도	1990	1994	1998
한국	49.8	48.7	46.1
싱가포르	48.5	49.3	48.4
미국	40.8	42	41.7
독일	39.5	38	37.5
스위스	41.6	41.4	41.4

[자료출처 : 통계청(2000)]

〈표2〉국내총생산에 대한 저축률(%)

국가/연도	1990	1995	1998
한국	37.5	35.5	34
중국	43	42	43
미국	15	15	17
프랑스	22	20	21
영국	17	15	15

[자료출처 : 통계청(2000)]

항목/연도	1970	1980	1990	2000
국민총생산 (억 원)	27,639	387,749	1,866,909	5,786,645
에너지소비량 (1,000TOE*)	19,698	43,911	93,192	192,887
1인당 전력소비량 (KWh/인)	240	860	2,200	5,060
총광고비(억 원)	127	2,753	20,001	58,534

*TOE: tons of oil equivalent ; 원유 1톤이 가지고 있는 열량으로 전기 4천 KWh에 해당.

　먼저 1번 논제의 표들은 전형적으로 시·공간적 비교를 요구한다. 한국인들의 근로시간과 저축률이 줄고 있지만, 여전히 세계적으로 높은 수준임을 보여준다. 하지만 2번 논제의 표에서는 시간의 흐름에 따라 모든 항목이 함께 증가하고 있다. 경제수준이 높아지면서 에너지 소비량도 늘고 있고, 광고비도 늘고 있다. 그런데 이렇게 모든 항목들이 일관되게 늘고 있다면, 오히려 표를 통해 설명하고 싶었던 것은 다른 측면일 것이라고 추론할 수 있다. 변동의 폭과 추이가 중요하다.

　얼핏 눈에 띄는 것은 광고비 지출이 가장 크게 늘었다는 사실이다. 1970년에서 2000년 사이에 총생산은 209배, 에너지소비량은 9.8배, 전력소비량은 21배, 총광고비는 460배가 증가했다. 특히 그 중에서도 '에너지소비량에 비해 전력소비량이 2배 이상 큰 증가폭'을 보여준다는 점과 생산의 증가폭보다 광고의 증가폭이 2배 이상 크다는 점에 유의해야 한다.

게다가 70년대와 80년대 사이의 증가폭이 가장 컸다는 점, 에너지소비 중 특히 가정에서는 전기 형태로 전환된 것을 많이 소비한다는 점, 산업부문의 에너지소비가 생산적인 반면 가정부문의 에너지소비는 소비적인 것임까지 생각해서 추론한다면, 위 표로부터 '70년대 이후 산업화-대량생산이 이루어지면서부터 가정의 소비가 폭발적으로 증가했고, 그것을 대량의 광고가 이끌어냈다'는 설명을 이끌어낼 수 있다.

제시문에 표가 나오고, 숫자가 등장한다고 해서 긴장할 필요는 없다. 우선 숫자들을 여러 각도로 비교해보고, 변화의 추이를 가늠해본다음, 제시문의 설명이나 상식에 비추어 추론해보면 논제 안에 그런 표가 제시된 이유를 이해할 수 있을 것이다. 그래프나 도표도 마찬가지다. 그것은 표의 시각적 변형일 뿐이다. 표처럼 읽어내면 된다.

이번에는 도표 형태로 나왔던 제시문을 하나 살펴보자.

2009년 서울시립대에서 출제한 논술 모의고사 논제 중 일부다. 논제에서 묻고 있는 것은 담배의 가격이 흡연율과 흡연량에 미치는 영향이다.

〈그림 1〉 담배가격과 흡연율

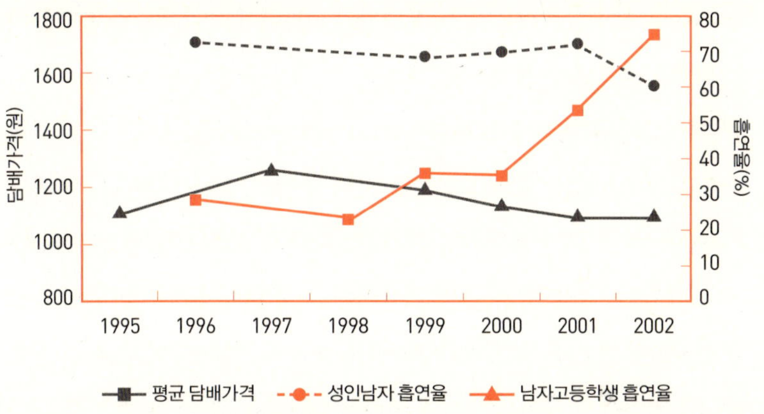

〈그림 2〉 담배가격 및 1인당 흡연량의 국제비교 (단위: 달러/갑, 개비)

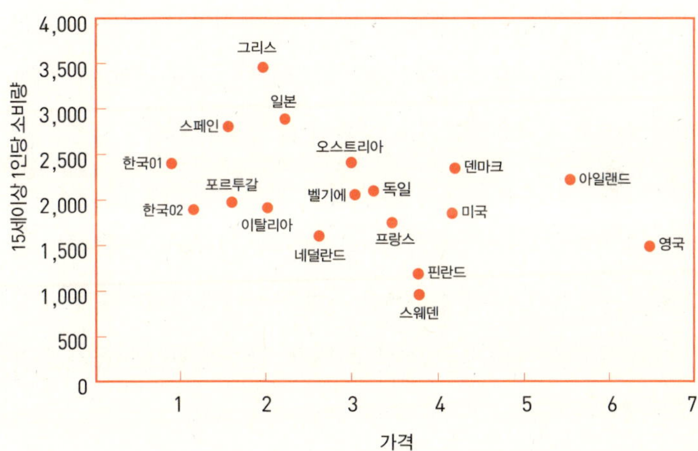

〈그림 1〉을 보면, 1990년대 후반 이후 담배가격은 인상된 반면 흡연율은 꾸준히 감소해온 것을 알 수 있다. 특히 고등학생들의 흡연율이 더 일찍부터 감소한 반면, 성인 남성들의 흡연율은 담배가격이 급격히 상승한 2001년 이후 감소세로 접어든 것을 볼 수 있는데, 그것은 경제적으로 여유가 없는 고등학생들이 담배 가격 상승에 더 빨리, 더 민감하게 반응할 수밖에 없었다고 유추할 수 있다. 그리고 〈그림 2〉에서 보면 세계적으로도 가격과 소비량 사이에 (뚜렷하지는 않지만) 반비례 관계가 형성된다는 것을 알 수 있다. 따라서 이 두 가지 자료와 유추를 통해 담배가격 인상이 흡연율 감소에 영향을 미친다는 점을 알 수 있다.

글자가 빡빡한 제시문들 속에 갑자기 숫자들의 덩어리가 등장하면 누구나 당황하게 된다. 숫자와 별로 친하지 않은 문과생들이라면 특히 더 그렇다. 하지만 사실 숫자는 고도로 추상화되어 있는 언어다. 0은 '없음'이라는, 100%는 '완벽'이라는, 실제로 예를 들어 확인하기는 어려운 철학적 개념을 의미하기도 한다. '='은 현실 속에서 완벽한 사례를 찾아보기는 어렵지만 현실을 개념적으로 이해하고 논리적으로 구성하기 위해 반드시 가져야 하는 '같다(동일하다, 바꿀 수 있다, 대체 가능하다)'는 관념을 표현하기도 한다. 따라서 숫자란 원래 언어이며, 그렇기 때문에 그 숫자들이 의미하는 바를 조금만 생각해보면 일상의 언어로 옮기는 것도 그리 어렵지 않다.

숫자와 도표를 해석할 경우에 유의해야 할 점을 간단히 정리하고 넘어가자. 어쨌든 숫자로 구성된 표를 언어로 읽어낼 때, 반드시 '비교를 통해 평가'한다는 것, 그리고 '변동의 폭과 추이'에 대해 주목하는 것이 중요하다. 하지만 모든 일이 그렇게 단순하지만은 않기에 몇 가지 덧붙여서 유의할 점을 정리해보았다.

1. 지나치게 간단하거나 지나치게 자세한 설명은 위험하다

우선 표 설명이 너무 간단한 것도 문제지만, 지나치게 자세한 것도 문제다. 예컨대 앞에서 예로 들었던 성균관대학교 기출논제의 저축률 표에서 한국인들의 저축률에 대해 '90년에 37.5%에서 95년에는 35.5%로 떨어졌으며, 98년에는 34%까지 떨어졌다'고 구구절절 설명할 필요는 없다는 것이다. 저 논제에서는 '한국인의 저축률은 90년 이후 지속적으로 하락하고 있는 반면……' 정도로 설명하면 충분하다. 물론 고려대학교 모의고사 논제에서처럼 '추이와 폭의 변화'를 자세하게 분석해야 하는 경우도 있다.

2. 표와 제시문 밖의 지식을 무리하게 끌어오지 마라

'추론'을 하라고 했지만, 그 근거는 일반적 상식이나 같은 수험생들이 모두 알 수 있는 지식 정도면 충분하다. 만약 다른 수험생은 아마 모르겠지만 나만 아는 특별한 지식을 동원해서 특별한 점수를 받겠다는 생각이 든다면 잘못된 것이다. 출제자가 그런 특별한 지식을 요구하는 경우가 거의 없기 때문에 자발적으로 특별한 지식을 늘어놓을 경우 출제자의 의도를 벗어날 가능성이 매우 높아진다.

3. 빠뜨린 항목이 없는지 점검해보라

마지막으로 자신의 논지를 뒷받침하기 위해, 혹은 마저 해석하기 귀찮아서 특정한 항목을 자의로 누락시키거나 건너뛰는 경우가 종종 있다. 아주 위험한 방법이다. 물론 정보와 표현창구를 독점하고 있는 막강한 권력의 언론매체들이라면 종종 사용하는 방법이기도 하지만, 어차피 출제자의 손바닥 위에서 놀아야 하는 수험생들에게는 가소로운 짓이 될 뿐이다. 출제자가 과연 자신이 제시한 표의 의미와 범위를 모를 리 있겠는가?

물론 제시문들이 모두 글자나 숫자로만 이루어진 것은 아니다. 최근에는 그림들이 제시문으로 활용되는 경우가 점점 늘어가고 있고, 시 같은 추상적인 형태의 글이 활용되기도 한다. 하지만 그렇게 종류가 다양하더라도 제시문들을 읽고 이해해서 글로 쓰는 데 활용하기 위한 최종적인 과정은 같다. 즉, 그것의 핵심적인 의미를 글로 풀어서 요약해야 한다는 점이다. 간단한 사례들을 몇 가지 살펴보자.

> **문제**   *2003년 연세대 정시 논술 기출논제
>
> 이미지에 대해 다음과 같은 세 가지 관점이 있을 수 있다.

1. 이미지는 심오한 현실을 표현한다.

2. 이미지는 심오한 현실을 은폐하고 변질시킨다.

3. 이미지는 심오한 현실과는 관계가 없다.

아래 제시문을 바탕으로, 구체적인 사례를 들어 세 가지 관점을 각각 설명하고 자신의 입장을 논하시오(위 세 가지 관점에서 자신의 입장을 취할 수도 있고 다른 관점을 펼칠 수도 있다).

위의 논제에 따라 세 개의 제시문이 나왔는데, 그 중 하나가 다음과 같은 그림이었다.

*Ceci n'est pas une pipe (이것은 파이프가 아니다), 르네 마그리트

자, 정말 난감한 상황이 아닐 수 없다. 제시문으로 그림이 나온 것도 황당한데, 파이프 그림을 그려놓고 '이것은 파이프가 아니다'라고 써놓다니.

미술은 추상도가 높은 만큼 해석의 가능성도 다양하고, 또 그만큼 난해한 예술의 장르이다. 정확한 의미를 파악해서 논거로 활용해야 하는 수험생들에게 그런 미술작품 하나를 덜렁 던져놓는다는 것은 당황스러운 일일 수밖에 없다.

하지만 미술작품이 논제의 제시문으로 출제되었을 때 요구되는 것은 단순하다는 점을 생각해야 한다. 다양한 해석의 여지가 있는 미술작품을 논술 제시문으로 출제했을 때는, 그 수많은 다양한 해석의 여지들을 배제하고 누구나 동의할 수 있는 공통적인 의미만을 다루겠다는 의지가 전제되었다고 봐야 하기 때문이다. 즉, 위 그림에 대한 자유롭고 깊이 있는 해석이 아니라 논제의 맥락 안에서 가지는 아주 구체적이고 분명한 의미 하나를 설명하는 것이 중요하다(다시 한 번 강조하지만 논제와 제시문은 별개가 아니다. 늘 한 덩어리의 묶음으로서 의미를 가진다).

논제에서 현실과 이미지의 관계에 대한 세 가지 관점을 제시했는데, 다른 두 개의 제시문이 각각 '표현'과 '은폐 및 왜곡'이라는 두 관점을 담고 있었다. 따라서 이 그림의 의미를 세 번째 관점인 '이미지는 심오한 현실과는 관계없다'는 것과 연관 지어 이해하면 된다. 그렇다면 어떤 해석이 가능할까? 이제는 이 그림의 주제가 '파이프가 아닌 파이프 그림일 뿐'이라는 의미로 읽어내는 것이 그리 어렵지만은 않을 것이다. 즉, 이미지는 현실을 닮았고, 현실을 가리키기는 하지만 현실 그 자체와는 엄연히 다르다는 이야기다. 영화나 소설이나 노래 가사 속의 어머니는 늘 헌신과 희생의 화신이고, 연인(이성친구)은 늘 미모와 매력과 인성을 완벽하게 갖춘 사랑스럽기 그지없는 존재들이지만, 현실에서야 어디 그렇던가?

제시문을 한 번 보고 쉽게 갈피가 잡히지 않는다면 논제를 읽은 다음 다시 살펴보자. 그리고 논제와 제시문이 동시에 가리키며 묻는 것이 무엇인지 추론해보자.

이번에는 시의 사례를 보자. 시는 글이긴 하지만 추상적이라는 점에서 오히려 이미지와 공통점이 있다.

문제

*2008년 서울대 논술 모의고사

북소리 둥둥 울려 사람 목숨 재촉하네.

고개 돌려 바라보니 해도 지려 하는구나,

황천에는 주막 한 곳 없다 하니,

오늘 밤은 어느 집에 묵고 간담?

(擊鼓催人命 回頭日欲斜 黃泉無一店 今夜宿誰家)

위의 시는 성삼문이 죽기 전에 쓴 절명시(絶命詩)이다. 이 시에 나

이 짧은 시에서 우리가 읽을 수 있는 것은 '죽음 앞에서의 의연함'
이다. 그리고 '성삼문의 절명시'라는 설명으로부터 우리는 자연스럽게
'단종을 향한 충성심'을 떠올릴 수도 있다. 하지만 중요한 것은 역시 제
시문 이면의 내력과 맥락이 아니라 그 제시문을 통해 논제가 무엇을 요
구하고 있는가 하는 것이다.

논제에서는 '삶과 죽음, 그리고 죽음 이후 세계에 대한 작가의 생각'
을 기술하라고 했다. 따라서 이 논제에서 수험생이 주목할 것은 '충성
심'이 아니라 '이승과 저승을 단절적인 공간으로 인식하고 있지 않음'이
다. 즉, 작가는 죽음 또한 삶의 한 부분이며, 받아들여야 할 순리로 인식
하고 있다는 점이 중요하다. 실제로 2008년도 서울대학교 논술 모의고
사 응시자들 중에서 '성삼문은 단종을 끝까지 지킨 충군(忠君)'이라는
배경(제시문에서 확인할 수 없는)에 주목한 학생들은 뜻밖의 낮은 점수를
감수해야만 했다.

숫자와 도표 형태의 제시문에서는 '형식의 낯섦'을 넘어 그 구체적
인 의미들을 언어로 풀어내는 것이 관건이라면, 그림이나 시 같은 '이
미지' 형태의 제시문에서는 그것이 가지는 다양한 해석의 가능성 중에
서 논제와 통하는 한 가지를 골라내는 것이 중요하다. 바로 이 점을 유

의하는 것만으로도 '특이한 형태의 제시문 독해'에 관한 어려움은 상당 부분 해소될 수 있다. 애초에 그런 제시문들은 '특이한 형태'라는 사실만으로도 난이도를 상승시키기 때문이다. 실제로 그것을 통해 풀어내야 하는 의미들은 문장으로 구성된 일반적인 형태의 제시문보다는 훨씬 쉬운 것이 일반적이다.

05 개념과 제대로 '통'하였는가

과거에 대부분 학교들의 논술고사에서 긴 분량의 글쓰기를 요구할 때, 서론-본론-결론 형식의 답안에서 서론 부분에 적절한 격언, 속담, 한자성어 같은 것들을 구사하도록 권하는 선생님들이 많이 있었다. 적절한 격언, 속담, 한자성어는 짤막한 한 줄만으로도 논제를 정확히 파악했는지, 혹은 전체적으로 답안의 방향 설정이 적절한지 여부를 보여주기 때문이다. 간단한 사례를 하나 검토해보자.

> **문제**
>
> *2004년 서울대 모의고사
>
> [제시문 1]은 기계의 발달이 시장체계를 발전시켰다는 점을 이야기하고 있고, [제시문 2]는 철도의 부설이 시간과 공간의 의미를 변화시켰음을 이야기하고 있다. 두 제시문의 논지를 발전시

서울대학교 2004년 논술 모의고사 문제다. 서울대학교가 대학별고사 전형 방식을 구술에서 논술로 전환하면서 치른 첫 모의고사라서 사회적 관심도 컸고, 시험과 채점 과정에 대한 설명도 자세히 제시된 바 있다. 여기서는 간단히 논제만 검토해보기로 한다.

이 논제에서 결국 요구하고 있는 것은 '산업혁명 이후 오늘날까지 기계 발전이 인간의 사회적 관계와 문화적 양식을 어떻게 변화시켜왔는지, 그리고 그 변화의 의미가 무엇인지'를 설명하라는 것이다. 이 논제에 대해 가장 높은 점수를 받은 학생의 답안 첫 부분을 살펴보자.

옛 우화 중에 이런 이야기가 있다. 산에 원숭이 한 마리가 살고 있었다. 원숭이가 자연 속에서 자유와 행복을 누리며 살던 어느 날, 여우가 꽃신을 들고 찾아왔다. 이걸 신으면 발에 돌이 박히지 않고 더 자유롭게 돌아다닐 수 있다는 여우의 말에, 원숭이는 그 후로 계속 여우가 준 꽃신을 신고 다녔다. 처음에는 여우의 말대로 더 많은 자유를 얻은 것 같았지만, 여름이 되어 꽃신을 벗자 발바닥이 아파 더 이상 맨

발로는 걸을 수 없는 자신을 발견했다. 그리고 원숭이는 뒤늦게 여우가 자신에게 준 꽃신이 더 큰 자유가 아닌 무서운 속박이었음을 깨닫게 된다. 원숭이와 꽃신의 관계는 인간과 기계문명 사이의 관계와 같다. 산업혁명 이후로 계속된 교통과 통신 등 과학기술의 발달과 공업의 발달은 인류에게 많은 물질적 풍요를 가져다주었다. '아는 것이 힘이다'라고 말한 베이컨의 발전 지향적 사고에 따라 노력해 온 결과, 재화의 생산량은 증대되고 공간거리는 단축된 것이다. 하지만 원숭이가 더 이상 맨발로 걸을 수 없었듯이, 문명의 발달에 따른 여러 가지 부작용이 나타났다.

이것은 당시 모의고사에서 가장 높은 점수를 획득했던 학생 답안의 서론 부분이다. 여기에 대해 채점위원이 어떻게 평가했는지 살펴보자.

"이 글에서 가장 돋보이는 부분이 바로 창의적인 논리 전개이다. 특히 문학작품에 대한 풍부한 예들과 철학적이고 이론적인 논의를 결부시킴으로써 글의 흐름이 딱딱해지지 않도록 한 것은 이 글의 돋보이는 점이다. 특히 도입부에 나오는 우화는 문제를 고찰하는 신선한 시각을 잘 보여주고 있다."

'원숭이와 꽃신'은 인간과 과학기술을 상징하는 것이고, '꽃신을 벗고는 걸을 수 없게 된 원숭이'는 과학기술에 대한 의존이 심화되면서 스스로 문제를 해결해나갈 능력을 잃게 된 현대인을 의미한다. 위 학생의 글은 그런 비유와 상징을 통해 자칫 복잡하고 장황해질 수 있는 내용을 간결하면서도 풍성하게 전달하고 있다.

요즘은 논술시험 답안에서 서론을 쓰는 경우가 드물다. 1000자 이내의 짧은 답안을 요구하는 학교들이 늘고 있기 때문이다. 꼭 정해진 것은 아니지만 1000자 이내의 짧은 글을 쓸 때는 '서론-본론-결론'으로 이루어지는 미괄식 구성보다는 '주장-근거' 같은 식으로 이루어지는 두괄식 구성이 더 유용하게 사용되곤 한다.

하지만 간결하게 핵심을 찌르는 능력은 여전히 중요하다. 적은 분량속에서 논제의 요구를 모두 담아내야 하기 때문이다. 그래서 과거에는 서론에서만 주로 사용하던 방식의 서술이 글 전체에서 활용되기도 하는데, 그렇게 간결하면서도 풍부한 내용을 전달하는 능력은 상당 부분개념을 어떻게 활용하느냐에 달려 있다.

그렇다면 개념이 무엇이고, 왜 중요한지 알아보자.

개념(槪念) : 여러 관념 속에서 공통된 요소를 추상(抽象)하여 종합한 하나의 관념. 판단의 결과로 얻어지며 판단을 성립시키는 것으로 인간의 사고는 개념에 의해서 이루어짐.

예를 들면 참새, 오리, 닭 등을 합쳐서 '조류'라는 개념으로 묶을 수있으며, 거기에 곰이나 호랑이 같은 것을 추가하면 동물이라는 좀 더 폭넓어진 개념으로 범주화할 수 있다. 위에서 ‘개념’을 ‘여러 관념 속 공통요소를 추상해서 만든 관념’이라고 정의했는데, 그것이 논술에서 더 중요한 것은 사태의 본질적 요소를 드러내 보여줄 뿐 아니라 그 공통요소가 논제의 핵심적인 문제의식과도 통하기 때문이다. 그래서 개념은 읽기와 글쓰기 모두에 있어서 중요한 것이다.

예컨대 어떤 사람이 다른 사람에게 돈이 든 봉투를 내주는 모습을 보았다고 생각해보자. 그 두 사람의 관계가 어떤 것인지는 그 상황 자체를 아무리 잘 관찰하더라도 정확히 알 수 없다. 빚을 갚는 것인지, 갈취당하는 것인지, 혹은 사기를 당하고 있는 것인지, 잠시 맡기는 것인지. 그러나 그 두 사람의 관계가 ‘가족’이고 각각 남편과 아내라는 것을 알 수 있다면 의문은 쉽게 풀린다. 남편이 직장에서 받아 온 봉급을 아내에게 전달하는 것이거나, 아내가 남편에게 용돈을 주는 장면일 것이기 때문이다. 개념은 그렇게 상황의 성격을 이해하고 판단하도록 도와주는 역할을 할 수 있다.

논제와 제시문에서 흔히 등장하는 사회과학의 개념들도 마찬가지다. 다양하고 개별적인 현상과 사건들을 가로지르면서도 핵심적인 성격을 드러내준다. 몇 가지 실제 사례를 들어보자.

1. ‘선거’라는 법적 절차를 거치기 전에 ‘국민후보’를 선정해놓고 선거운동을 한다는 시민단체의 당선운동은 위험한 발상이다. 특정후보를 선정해 선거운동을 하겠다는 것은 지향하는 목적만 다를 뿐 중세의

마녀사냥과 다를 게 없다.

2. 유례없는 중징계로 충격에 휩싸인 심판진도 이날 모임을 갖고 징계 완화를 요청하는 호소문을 내기로 했다. 일부 심판들은 이번 중징계가 '마녀사냥'이 아니냐며 경기 진행 보이콧도 불사하겠다고 반발했다.

3. 영상물의 연령 등급을 심의하는 영상물등급위원회에 의해 온라인 게임 업계가 흠씬 두들겨 맞고 있다. 현재의 상황에 대해 한 개발자는 "중세 마녀재판이 재현되고 있다. 게임의 암흑시대가 올지도 모른다"며 분통을 터뜨렸다.

위의 세 가지 경우는 모두 '마녀사냥'이라는 개념을 사용해 사태의 본질을 가리키고 있는데, 그것은 '마녀사냥'이라는 특정한 역사적인 사실에 대한 비유를 통해 추상화된 개념이라고 할 수 있다. 그 공통적인 의미를 추출해보자면 '비본질적 대상에 책임을 전가하고 희생을 강요함으로써 본질적 요소를 보호하거나 유기하는 것' 정도가 될 것이다. 물론 실제로 '마녀'를 '사냥'했던 중세 유럽의 역사적 사실에 비유한 것이기는 하지만, 그것이 위의 예문에서 지시하는 상황들과 구체적인 연관을 맺고 있는 것은 아니다. 물론 개념들 중에는 그 개념을 구성하는 글자들의 연원을 통해 파악할 수 있는 본래적인 의미가 있는가 하면,

말 자체와는 아무 관계없이 추상적인 것도 있다.

이번에는 실제 기출논제 속에서 사례를 찾아 확인해보자.

*2010년 광운대 수시 기출논제

제시문의 내용에 비추어 다문화 사회를 지향하는 21세기 한국 사회에서 필요한 '레고적 사고'는 어떤 것인지 서술하시오. (300자 이내)

거대한 세계 제국을 건설한 칭기즈칸은 몽골 고원에서 출발하여 유럽에까지 이르는 대원정을 장기간에 걸쳐서 벌였다. 전쟁을 치르는 동안 전사자가 늘어나고 부상자도 늘어났다. 이에 따라 반드시 필요한 임무를 수행할 사람이 부족하여 정상적인 전투를 진행하기 어렵게 되는 경우도 생겨났다. 더구나 애초부터 칭기즈칸 군대는 다른 대국에 비해 절대 소수였다. 이 문제를 해결하기 위해 칭기즈칸이 찾은 방법은 현지 동원이었다. 새롭게 정복한 곳에서 적의 병력, 즉 포로도 자신의 군대로 편입시키는 것이었다. 그래서 그의 병력은 항상 충분했고 경우에 따라 20만이 되기도 하고 30만이 되기도 했다. 칭기즈칸은 레고게임을 한 것이었다. 인류 문명을 통틀어 레고는 가장 보편적인 놀이 도구라고 일컬어진다. 레고 조각들을 이리저리 맞추면 자동차도 되고 비행기도 되며 집도 된다.

제시문은 칭기즈칸 군대의 강점을 '레고적 사고'라고 진단하고 있다. 즉, 협조하기만 한다면 인종이나 종교 같은 차이들에 상관하지 않고 받아들여 대우했고, 결코 차별하지 않았기 때문에 계속된 장거리 원정 속에서도 병력 부족을 겪지 않고 성공적인 정복사업을 벌여나갈 수 있었다는 것이다. 그렇게 피부색도, 종교도, 고향이나 인종도 모두 다른 다양한 사람들을 본질적으로는 서로 다를 것 없는 하나의 조각들로 여기고 대우하며 거대한 구조물을 조립해나가는 사고가 마치 '레고게임'

을 즐기는 아이들의 그것과 같다고 보면서 '레고적 사고'라고 개념화한 것이다.

논제가 묻고 있는 것은 '21세기 한국사회'에 필요한 레고적 사고가 무엇인가 하는 것이다. 그렇다면 우선 '21세기의 한국사회'가 맞이하고 있는 '레고적 사고가 필요한' 상황이 무엇인가를 찾아야 하고, '레고적 사고가 어떻게 해결책이 되어줄 수 있는지' 생각해야 한다.

거꾸로 거슬러 올라가보자. 레고적 사고란 '차별하거나 배제하지 않고, 서로 어울림으로써 조화로운 전체를 구성하는' 발상이다. 그렇다면 오늘날 한국사회에서 '차별과 배제'가 문제되는 지점은 어디일까?

신분, 지역, 성별 등에 따른 차별 문제도 없는 것은 아니겠지만, 그것은 이미 20세기 이전부터 이어져오고 있는 것이기에 특별히 '21세기의 문제'라고 하기도 어렵다. 그리고 그런 문제들은 꾸준히 철폐되고 약화되어가고 있다고 할 수 있다. 하지만 '21세기 한국'에서 더욱 큰 사회문제로 인식되고 있는 것들도 있으니, 이주민, 다문화인, 새터민, 혹은 동성애자, 장애인, 노숙인 등으로 나열해볼 수 있는 '소수자'들이 거기에 해당한다고 할 수 있다. 특히 이주노동자와 결혼이민자, 새터민(북한을 탈출해 남쪽에 정착한 이들)처럼 국경을 넘어 유입되고 있는 이들의 경우 그 수가 급격히 늘고 있을 뿐만 아니라 성장과 교육 과정이 다른 데서 오는 문화적 격차 때문에 더욱 어려운 문제로 꼽히고 있다는 점도 생각해봐야 한다.

고대의 몽골, 혹은 현대의 미국 같은 성공적인 다문화사회 속에서 찾아낼 수 있는 '레고적 사고'는 이들을 차별하거나 배제하지 않는다. 오히려 그들이 가지고 있는 독특한 경험과 사고를 적극적으로 활용함으로써 한국사회를 발전시키고 문화적 폭도 넓힐 수 있는 원동력이 된다. 즉, 출산율의 급감에 따른 인구 감소(그리고 그로 인한 생산력 저하와 복지 부담 증대 등의) 우려와 문화적 차이에서 비롯된 사회갈등의 문제들은, 오히려 서로 다른 문화와 가치를 가진 다양한 집단들을 폭넓게 포용하고 활용할 수 있는 사회 시스템을 구축함으로써 극복할 수 있다. 더 나아가 우리 사회의 긍정적인 발전의 에너지로 삼을 수 있다는 점을 설명하면 좋을 논제라고 할 수 있다.

이렇게 논술시험에는 많은 개념들이 등장한다. 어렵거나 생소한 것도 있고, 친숙한 것도 있다. 하지만 그 중 더 문제가 되는 것은 친숙한 것들이다. 생소한 것과 달리 친숙한 것들 속에 더 심각한 오해의 가능성이 내포되어 있기 때문이다.

그래서 개념은 정확히 이해하며 사용해야 한다. 하지만 스스로 정확히 이해하고 있는지를 모르는 경우가 많다. 그래서 '사례를 들 수 있는 능력'이 중요하다. 예를 들어보자.

"진리란 권력 밖에 존재하는 것도, 진리에서 권력이 배제되는 것도 아니라는 점이다. 진리는 세상에 속한 것이다. 진리는 여러 제약 조건들을 통하여 생산된다."

프랑스의 철학자 미셸 푸코의 글 '지식인의 정치적 기능' 중에 나오는 문장이다. 2001년 서울대가 주최한 제2회 전국 고교생 논리·논술 경시대회에 제시문으로 출제되며 화제가 되기도 했다. 대한민국에서 치러진 역대 논술시험 중 난이도가 가장 높았던 제시문 중 하나로 악명 높다. 그것은 물론 추상도가 높은 철학 제시문이기 때문이기도 했지만 저 위의 문장 속 '권력'이라는 개념에 대해 학생들이 대개 잘못된 선입견을 가지고 있었기 때문이기도 했다.

'권력'이란 무엇일까? 대개는 정치가나 관료체계의 고위직에 있는 사람이 휘두를 수 있는 힘이라고 막연하게 생각하며 읽었을 것이다. 대통령이나 국회의원, 장관 같은 이들이 가진 힘을 대개는 권력이라고 부르기 때문이다.

하지만 그렇게 생각하고 보면 저 문장이 쉽게 이해되지 않는다. 그리고 읽을수록 자꾸 겉돈다는 느낌도 든다. '진리'란 학문 활동을 통해 도달하거나 발견하는 것이고 '권력'은 정치가들이 가진 힘이라면, 흔히 생각할 때 진리와 권력은 서로 독립된 별개의 범주에 속하는 개념이라고 인식될 것이다. 그리고 '현실적'이라는 전제 아래 '진리가 권력에 아부하거나 통제되는' 경우도 상상할 수 있을 것이다. 하지만 예문에서는 진리는 '권력 밖에 존재하거나 권력을 배제하지 않는다'고 했으며, '세상에 속하는 것'이라고 부연하고 있기도 하다. 즉, 진리란 권력, 혹은 세상과 분리될 수 없는 한 덩어리 같은 것이라는 이야기다.

원점으로 돌아가면, 권력이란 '정치가들이 가진 힘'만을 의미하는 것이 아니다. 그보다 훨씬 광범위한 개념이다. 권력은 '자연적 힘'과 구분되는 '사회적 힘'을 통칭하는 것이고, 그래서 '다른 사람의 생각이나 행동을 바꾸거나 영향을 미치는 모든 종류의 힘'을 말한다. 말하자면 종교적 권위, 논리적 설득력, 미모를 이용한 매력, 유머를 활용한 흡인력 등이 모두 포함되는 것이다.

실제로 여러분은 어떤 경우에 자신의 생각이나 행동을 바꾸게 되는가? 대통령이나 장관 같은 이들이 서명한 국가기관의 결정에 따르는 경우도 있고, 부모님이나 선생님의 지시에 따르는 경우도 있다. 하지만 더 많은 경우는 '듣고 보니 그게 옳은 것 같다는 판단이 내려지는' 때일 것이다. 그리고 '옳다고 믿어지는 것'은 바꾸어 말하면 '진리라고 생각되는 것'이며, 그런 점에서 '무엇이 진리라고 여겨지는가' 하는 것은 '어떤 생각이나 관념이 권력을 가지는가' 하는 것과 상통한다고 볼 수 있다. 예컨대 중세 유럽 사회에서는 가톨릭 사제들의 가르침이 진리로 받아들여졌기에 그들이 막강한 권력을 가질 수 있었고, 오늘날에는 민주주의적 절차를 거친 것이 가장 올바른 것이라는 믿음을 공유하고 있기 때문에 선거와 투표를 거쳐 결정된 당선자나 정책이 가장 막강한 권위를 획득할 수 있다.

자, 이렇게 '권력'이라는 개념을 제자리에 놓고 보면 난해하던 문장이 조금씩 이해되기 시작할 것이다. 무엇이 진리로 받아들여지느냐에 따라 권력의 형태와 방향이 달라지며, 진리란 권력과 밀접하게 연결되어 있는 것이다. 그러니까 '진리는 권력 밖에 존재하는 것도, 진리에서 권력이 배제되는 것도 아니다'라고 표현할 수 있다.

　논술의 주제들은 모두 하나씩의 중심 개념을 담고 있다고 할 수 있다. 만약 어떤 개념에 대해 스스로 사례를 들어 설명할 수 없다면, 정확하게 이해하지 못한 것이라고 생각해도 된다. 특히 친숙한 개념이고, 그래서 당연히 아는 개념이라고 생각될 때 성급하게 글쓰기로 덤벼들지 말고, 먼저 구체적인 사례를 들어가며 그 개념의 정확한 의미를 정리해 두고 시작하는 습관을 들이도록 하자.

06 진짜 쟁점을 찾아야 한다

논술에는 정답이 없다는 말을 어디선가 들어본 적이 있을 것이다. 맞는 말이다. 그럼에도 불구하고 논술시험에서 고득점과 저득점이 갈리고, 당락이 좌우된다. 정답은 없지만 오답은 있으며, 또한 정답 중에서도 더 좋은 답과 덜 좋은 답, 좀 더 정확히 말하자면 정답 중에서도 핵심을 찌르는 답이 있는가 하면 변죽만 울리거나, 지엽적인 부분만 물고 늘어지는 답도 있기 때문이다. 그래서 우리는 핵심을 짚어내고, 그것에 대해 정확하게 이야기하려고 노력해야 한다.

바로 그렇게 핵심을 찾기 위해 생각해야 할 것들이 많이 있다. 이번에는 그 중에서도 제시문 속에서 입장이나 관점의 차이를 다룰 때 반드시 찾아내서 염두에 두어야 할 쟁점에 대한 이야기를 해보자.

요즘 논술시험에서 제시문을 비교하거나, 한 쪽을 근거로 다른 한 쪽을 비판할 것을 요구하는 경우가 많다. 그런데 두 제시문의 핵심적인 차이가 비롯되는 부분을 찾지 못하면 주변적이고 지엽적인 문제만 건

드리다가 끝날 수 있다. 핵심적인 차이가 만들어지는 지점, 그것이 바로 쟁점이다. 간단한 예를 통해 설명해보겠다. 다음 논쟁을 살펴보자.

학교에서 이루어지는 '체벌'에 대해 당신은 어떻게 생각합니까?

A : '사랑의 매'는 허용되어야 한다.

B : '인격모독적 폭력'은 사라져야 한다.

아마 학교에서 수업 시간에 토론 주제로서 가장 애용되는 사례 중 하나일 것이다. 여러분도 한 번쯤은 공식적으로나 비공식적으로 체벌을 주제로 토론을 벌여본 적이 있을 것이다. 하지만 어쩌면 한 번도 만족스럽거나 깔끔한 결론을 내려 보지 못한 주제일 수도 있다.

A는 '사랑의 매', B는 '인격모독적 폭력'을 들고 나왔다. 실제로 체벌을 찬성하거나 반대하는 사람들이 사용하는 상투적인 표현들이기도 하다. 그렇다면 두 사람 사이에 형성된 쟁점은 무엇일까? 체벌에 대한 찬성과 반대? 그래서 'A는 체벌을 찬성하고 B는 체벌을 반대한다'고 설명하면 될까?

그럴 수도 있지만 그렇지 않을 수도 있다. 두 사람의 입장은 상반된 것일 수도 있지만, 그저 '다를' 뿐 대립되는 것은 아닐 수도 있다. 그리고 심지어 두 사람 사이에는 쟁점이 아예 없을 수도 있다. 왜냐하면 A가 찬성하는 것은 '사랑의 매'이고 B가 반대하는 것은 '인격모독적 폭력'인데, 두 사람이 각기 다른 대상에 대해 이야기하고 있기 때문이다. 즉, '사랑의 매'와 '인격모독적 폭력'은 같은 것이 아니고, 같은 대상이 아닌 것에 대한 입장은 상반되기 어렵다. 서로 다른 대상에 대해 각각 찬성하고 반대하는 주장은 마주칠 수 없다. 짜장면을 좋아한다는 사람과 짬뽕을 싫어한다는 사람이 어떻게 대립된다고 할 수 있겠는가?

그래서 쟁점이 있을 수도 있고 없을 수도 있는 이런 상황을 정리하기 위해서는 우선 서로 같은 대상에 대해 주장을 펴도록 조정해야 한다. 예컨대 만약 '사랑의 매'를 허용하자는 A에게 '인격모독적 폭력'도 허용해야 하느냐고 묻는다면 어떨까? 그리고 반대로 '인격모독적 폭력'을 추방하자고 하는 B에게 '사랑의 매'도 추방해야 하느냐고 묻는다면 또 어떤 답이 돌아올까? 어쩌면 둘 다 '그건 아니다'라고 답할 수도 있다. 그래서 만약 두 사람 모두 '사랑의 매는 허용해야 하지만, 인격모독적 폭력은 추방해야 한다'고 답한다면, 두 사람은 똑같은 생각을 하고 있는 것이 아닐까?

하지만 예컨대 A가 '인격모독적인 폭력마저도 허용해야 한다'고 답하거나, B가 '사랑의 매조차도 허용해서는 안 된다'고 답하는 경우라면 확실히 쟁점이 발견된다. '교사가 학생에게 물리적인 고통을 가하는 것' 자체가 경우에 따라서는 가능하다고 보는 쪽과, 절대 불가하다는 쪽으로 나뉘기 때문이다.

혹은 두 사람 모두 '사랑의 매는 허용하고 인격모독적 폭력은 추방해야 한다'는 가치관에 동의하더라도 현실에 대한 진단에서 쟁점이 나타날 수도 있다. 한 사람은 지금 우리나라의 교실에서 벌어지고 있는 체벌들이 '사랑의 매'라고 판단하는 한편, 다른 한 사람은 '인격모독적 폭력'으로 판단할 수도 있기 때문이다.

이것은 막연하게 '체벌에 대해 찬성과 반대로 나뉜다'고 설명하는 것과 차원이 다르다. 더 자세하게 핵심의 요소를 설명해야 하기 있기 때문이다. 그래서 전자처럼 '가치관의 문제'인 경우와 후자처럼 '현실 판단의 문제'인 경우, 각자가 동원해야 하는 논거의 종류도 달라진다. 가치관이 다른 경우라면 좀 더 철학적이고 논리적인 논거들을 동원해야 하지만, 현실에 대한 판단이 다른 경우라면 왜 그런지 보다 구체적인 논거들을 사용해야 하기 때문이다.

내친 김에 또 다른 간단한 연습문제를 통해 구체적으로 이해해보자.

㉮

스크린쿼터의 축소는 불가피할 뿐만 아니라 영화계의 발전을 위해 필요하기까지 한 조치라고 할 수 있다. 세계화와 자유무역이라는 거부할 수 없는 시대적인 대세 속에서 영화시장 또한 예외가 될 수 없을 뿐만 아니라 한국영화가 이미 국내시장 점유율 70%에 육박하는 경쟁력을 갖추고 있기 때문에 세계시장으로 진출하는 데도 유리하기 때문이다.

㉯

한국영화가 세계적인 경쟁력을 갖추고 있다는 생각은 잘못된 것이다. 한국영화의 편당 제작비는 미국영화의 수십 분의 1 밖에 되지 않는 형편이고, 오늘날 세계 영화시장에서 제작비의 규모를 능가하는 경쟁력의 요소는 없기 때문이다. 따라서 영화시장이 개방되면 언젠가는 미국을 비롯한 해외자본이 한국영화산업을 장악하는 것은 정해진 수순이며, 그렇게 되면 우리 민족의 문화와 정신이 가지는 독특한 특성을 지켜낼 방법이 사라지게 된다. 영화는 상품이고 산업이기 이전에 우리 민족의 문화이며 정신이다. 따라서 그것을 보호하는 장치는 민족적 정체성과 문화다양성을 유지하기 위해 필수적이다.

두 제시문이 상반된 입장을 가진 것은 분명하다. 그리고 한국영화가 국제경쟁력을 가지고 있느냐 하는 부분에서도 뚜렷이 다른 판단을 내리고 있다. 하지만 그것은 중요하지 않다. ㉮는 경제적 측면을 따졌을 때 영화시장 개방이 필요하다는 주장이다. 자유무역의 세계화 과정에서 영화산업만 예외가 될 수 없으며, 우리 영화산업은 충분한 경쟁력을 가지고 있기 때문에 개방을 통해 더 큰 기회를 얻을 수 있다는 것이다. 반면 ㉯는 영화를 하나의 산업부문으로만 생각할 경우 고유한 민족문화의 정체성을 잃을 것을 우려한다. 즉, 쟁점은 영화를 경제적 측면에서 보느냐, 문화적 측면에서 보느냐의 차이로 집약된다.

그래서 ㉮는, 스크린쿼터 축소가 경제적으로 불리한 것이라면 입장이 바뀔 수 있다. 하지만 ㉯는 경제적으로 이득이 된다는 점이 확실하다고 해도 입장이 바뀌지 않을 것이다. ㉯는 영화가 경제적 득실의 문제를 넘어서 민족 문화와 정체성의 문제라고 생각하고 있기 때문이다. 따라서 ㉮의 입장을 가진 사람을 설득하거나 논박, 혹은 지지하려면 과연 스크린쿼터의 축소가 경제적으로 불리한 것인지 유리한 것인지를 계산적으로 예측할 수 있는 근거들을 찾으면 된다. 하지만 아마도 ㉯가 입장을 바꾸도록 하려면, 영화가 민족문화나 정체성과는 관련이 없다거나, 우리나라의 영화들이 어차피 민족적 정체성을 담고 있지 않다는 것을 입증해야만 한다. ㉯가 입장을 바꾸도록 설득하는 일이 훨씬 어려운 일이다.

연습문제를 하나 풀어보자.

문제

제시문을 참고하여 우리나라의 교육에 대해 나름대로 평가하고, 그에 근거하여 우리 교육의 발전방향을 논하라. (분량 : 1,000자 내외)

①

우리나라 교육의 특징은 인재 선발을 위한 경쟁과정과 더불어 발전했다는 점에서부터 설명될 수 있다. 우리나라에서 교육이란 배워 알고, 생각을 키우는 것 이전에 사회적 자원을 할당하기 위한 경쟁의 방법이었다. 따라서 '교육을 많이 받은 사람'이 의미하는 것은 '지식이 많고, 지혜가 넓은' 것을 의미하기 이전에 '유능한 사람'이며 '지위가 높은' 사람을 의미해왔던 것이다. 우리 교육에 대해 형성되어 있는 '교육열이 높다'거나 '주입식이다' 혹은 '암기 위주다'라는 이미지들이 모두 이런 원인에서 기인한다. 배움 자체가 아니가 더 많은 자원을 배분받기 위해서라면 당연히 교육열이 높아짐은 물론, 내용을 불문하고 그것을 효율적으로 전달하고 전달받는 것 자체에 더 관심이 쏠릴 것은 당연하기 때문이다.

②

여러분은 제자의 주의를 자연의 여러 가지 현상으로 향하게 하라. 그러면 곧 그 제자는 호기심을 갖게 될 것이다. 그러나 그 호기심을 가꾸기 위해서는 결코 서둘러 그 호기심을 채워주려 하지 말아야 한다. 만약 그의 정신 속에 이성 대신 권위를 심어주게 되면, 그는 더 이상 이성을 작용시킬 수 없게 될 것이기 때문이다. 그러면 그는 타인들의 의견에 농락될 뿐 자신의 호기심을 유지할 수 없게 될 것이다.

③

교육이야말로 가난을 벗어날 수 있는 유일한 길이었다. 그래서 전쟁으로 황폐해진 폐허에서 우리는 거적때기를 깔아놓고 책을 폈고, 그 힘으로 역사상 유례가 없는 경제성장의 기적을 만들어냈다. 우리나라는 전세계에서 가장 낮은 문맹률을 기록하고 있다. 그

우선 1번 제시문은 '우리나라에서 교육은 배움과 가르침 자체가 아니라 사회적 자원을 배분하는 기준이었다' 라고 설명하고 있다. 한 마디로 한국인들은 지적인 갈구 때문이 아니라 잘 살고 싶은 욕망 때문에 배우고 가르쳤고, 오늘날 이렇게 치열한 입시경쟁이 벌어지게 되었다는 이야기다.

2번 제시문은 루소가 쓴 '에밀'이라는 책의 일부분인데, 궁금해 하지 않는 것을 미리 가르치면 지적 호기심은 사라지고 권위에 굴복하는 태도만이 만들어진다고 경계하고 있다.

3번 제시문은 우리나라 사람들이 가난을 벗어나기 위해 열심히 공부한 결과 오늘날의 경제성장을 이루었으며, 앞으로도 그 밖에는 살 길이 없다고 주장한다.

우리는 이 제시문들을 활용해서 우리나라의 교육에 대해 평가하고, 또 우리나라 교육이 나아가야 할 방향을 논술해야 한다.

우선 우리나라의 교육이 '잘 살고 싶은 욕망'에서 비롯된 것임은 제시문 1, 3에 공통된 내용이다. 그런데 3은 그것을 긍정하는 반면 2는 그것의 위험을 지적하고 있다. 실제로 우리나라는 교육을 통해 일어섰지만, 그것이 낳고 있는 부작용들도 있다.

우선 교육을 통해 우리나라가 먹고 살 수 있게 되었다는 점은 분명하다. 설명할 수 있는 사례들도 많다. 그러니까 우리는 그 반대편에 집중해보자. 우리 교육의 문제점. 이것은 누구나 '느낌'은 가지고 있지만 사실 좀 더 깊이 생각해야만 구체적으로 이야기할 수 있는 부분이다. 물론 많은 것이 떠오르겠지만 제시문 2의 설명처럼, 지적 호기심 없이 권위에 굴복하는 태도만 길러냄으로써 발생하는 문제점이 무엇인지 찾아야 한다.

라디오를 듣다 보면 가끔 듣게 되는 대학교 광고 중 이런 것이 있다. 한 학생이 '너는 대학에 가면 뭘 하고 싶니?'하고 묻자 다른 학생이 '미팅, 여행, 아르바이트, 영화도 찍어보고 싶고 만화도 그려보고 싶고, 멋진 캠퍼스에서 낭만도…….' 그러자 원래 질문을 던졌던 학생이 이렇게 답한다. "그걸 다 할 수 있는 곳이 있어. 바로 ○○대학교!!"

그렇다. 우리나라의 대학은 학교라기보다는 일종의 '테마파크'로 여겨지고 있는 것이다. 학생들은 누구나 대학에 들어가기를 갈망하지만 정작 그곳에서 하고 싶은 것은 공부가 아니다. 그들이 하고 싶은 것은 오히려 공부를 제외한 모든 것이다. 우리나라의 교육열은 엄청나지만 정작 공부를 하고 싶어 하는 사람은 거의 없다. 그래서 우리나라의 대학들은 세계적으로 들어가기 어렵기로 유명하지만, 정작 그 학교에 들어간 학생들은 공부를 안 하기로 유명하다. 물론 요즘엔 대학생들도 공부를 열심히 한다고 하지만, 전공영역을 파고드는 것보다는 학과 전공과는 무관한 토익이나 토플 같은 취업공부가 중심이 되고 있을 뿐이다. 교육의 본질과 마주 놓고 봤을 때, '테마파크'나 '취업준비소'에서 벗어나기란 그리 쉬워 보이지 않는다.

반면 대학의 간판에 대한 숭배는 엄청나다. 좋은 대학을 나온 사람들이 실력이나 노력 여부와는 상관없이 사회의 전 영역을 쥐고 흔들며, 그렇지 못한 대부분의 사람들이 기가 죽어서 사는 것이 우리 사회의 현실이다.

오늘날 점점 창의성이 중요해지고, 아이디어가 엄청난 경제적 가치를 창출하는 시대가 되고 있다. 하지만 정말 멋진 아이디어는 뭔가를 열심히 외울 때보다는 여유롭게 뭔가를 즐기거나 몰입할 때 떠오르는 것이 아니던가. 그런 점에서 '스펙'을 쌓기 위한 공부를 통해서는 결코 창의적인 무언가를 만들어내기 어렵다. 지금과 같은 암기식, 주입식 교육 속에서는 학문 자체의 발전도 어렵지만, 산업경쟁력도 강화되기 어려워지고 있다는 점을 생각해봐야 한다.

따라서 이런 식의 글을 써볼 수 있다.

- 한국교육의 특징 : 사회적 가치 배분의 기준이었고, 더 많은 것을 얻기 위한 경쟁의 도구였다.
- 더 잘 살고 싶다는 보편적인 욕구에 기반한 높은 교육열 덕분에 한국은 빈약한 자본과 자원에도 불구하고 경제성장을 이룰 수 있었다.

- 하지만 교육열 속에 오히려 배움의 욕구는 사라져버렸고, 권위에 대해 복종하는 풍토가 강화된 문제점도 생겼다. 창의력의 부족, 경직된 학벌주의 등은 앞으로 산업경쟁력 제고에도 걸림돌이 될 수 있다는 점에서 반성해야 할 부분이다.

결국 문제는 제시문을 좀 더 정밀하게 읽는 집중력이다. 대충 '이런 쪽이고 저런 편이구나' 하고 단순하게 정리하지 말고, 제시문이 각각 어떤 생각을 담고 있고, 그런 생각을 하게 된 이유는 무엇인지를 차분히 정리해야 한다.

그리고 수학 문제를 풀 때와 마찬가지로, 논술도 끊임없이 쓰면서 풀어나가는 것이 중요하다. 그냥 머릿속으로 생각할 때와 간단하게라도 메모해놓고 볼 때 결과물이 달라지기 때문이다. 제시문을 읽고 요약할 때도 그렇고, 자신의 생각을 글로 쓸 때도 마찬가지다. 항상 간단한 메모 작성을 통해 생각을 구체화하는 습관을 들여야 한다.

07 논거 없는 논지는 외롭다

앞에서 논술시험의 목적은 '소통이 가능한 사람을 길러내고 가려내는 것'이라고 했다. 그렇다면 소통이 가능한 사람이란 무엇인가? 바로 알아 들을 줄 알고, 생각할 줄 알고, 조리 있게 표현할 줄 아는 사람을 말한다. 그런데 우리는 그런 능력을 다 가졌는데도 말이 통하지 않는 사람을 종종 만나게 된다. 다 알아 들으면서도 고집을 부리는 사람들 말이다.

학교에서 토론을 해본 경험이 있을 것이다. 어떤 경우에는 선생님이 미리 특정 주제에 대해 찬성 입장과 반대 입장으로 편을 나누어주고 토론을 벌이게 해서 점수를 매기기도 한다. 하지만 사실 이런 방식은 좀 위험하다. 토론능력을 '다른 사람을 설득하는 능력'으로 오해하게 만들기 때문이다. 사실 진짜 토론능력을 가진 사람은 자신의 생각을 충분히 표현하되, 다른 사람의 생각이 옳다고 생각되면 거리낌 없이 자신의 생각을 바꿀 줄 안다.

이번에는 토론을 하면서 상대방을 설득하기도 하고, 또 반대로 설득 당하기도 하는 논리구조에 대해 이야기해보자.

- 논지(論旨) : 말이나 글의 취지. 의도, 주장. 말과 글의 뜻, 의도, 주장을 가리킨다.
- 논거(論據) : 생각이나 주장의 근거. 즉 논리적 근거를 말한다.

'이렇게 생각한다'에 해당하는 것이 논지라면, '왜냐하면~'에 해당하는 것은 논거다. 그래서 논술문이란 대개 세 부분으로 구성된다고 할 수 있다.

논술문 = 요약 + 논지 + 논거

말하자면 논술문의 기본적인 구조는 다음과 같은 것이 된다.

- (제시문은) 이러저러하다고 설명했다.
- (따라서/그러나) 우리는 이러저러해야 한다.
- (왜냐하면) 이러저러하기 때문이다.

가끔 논술 실력을 기르기 위해 TV 토론 프로그램을 챙겨보는 친구들이 있다. 이것도 별로 추천할 만한 방법은 아니다. 왜냐하면 대개 TV 토론에서는 논지와 논거가 명확히 구분되지 않기 때문이다. 늘 다양한 논거를 동원하지만, 그 논거가 다른 논거에 의해 극복되었다고 해서 논지를 바꾸는 사람은 없다. 대신 쟁점을 흐리거나 바꾸면서 불리한 상황을 벗어나려고 한다. 그래서 혹시 그런 프로그램을 통해 논리력을 기르고 싶다면 오히려 반면교사로 삼는 것이 좋다. 패널들의 주장과 설명에서 뭔가를 배우려고 하기보다는, 그들이 각자 어떻게 쟁점을 흐리거나 바꾸어가면서 합리적 토론을 방해하는지 '비판적으로' 보는 것이 훨씬 도움이 된다는 말이다.

그리고 조금만 길게 생각해본다면, 누구나 설득 당할 만한 논거를 접할 때 자신의 생각을 바꾸고 설득 당할 줄 아는 사람이 되는 것이 훨씬 유익하다는 점을 알 수 있다. 설득력 있는 사람은 한 사람을 자기편으로 만들 수 있지만, 설득 당할 만한 일에 설득당할 줄 아는 사람은 온 세상 사람으로부터 내공을 흡수하면서 빠르게 발전할 수 있기 때문이다. 세상을 살아가는 누구에게나 가르칠 것보다는 배울 것이 더 많은 법이기 때문이다('설득 당할 만한 이야기에 설득 당한다'는 것은 바꾸어 말하면 '배운다'는 것이 된다).

중요한 것은 하나의 대상을 비판적으로 분석할 때 그 논지와 논거를 구분해야 한다는 것이다. 예문을 보면서 이야기해보자.

① 남한과 북한은 이미 60년 이상 나름의 방식대로 운영되고 발전해왔다. 근대화의 핵심적인 기간을 각자 거쳐 온 것이다. 따라서 오늘날 남한과 북한은 공통된 언어를 가지고 있긴 하지만, 정치·경제·문화 모

든 면에서 이질적인 성격을 가지게 되었다. 그런 이질적인 공동체를 갑자기 하나로 합친다는 것은 어려울 뿐만 아니라 불필요한 일이기도 하다. 그런 과정 속에서 감수해야 할 고통과 비용은 뚜렷한 반면, 얻는 것은 '분단되었던 민족의 재통일'이라는 명분에 불과할 텐데, 우리가 도대체 그런 가시밭길을 걸어야만 하는 이유가 무엇이란 말인가?

오늘날 남북한이 굳이 통일을 하려고 노력할 필요가 없다는 주장을 담은 글이다. 그런데 만약 이런 생각에 반대하는 사람이 이 글에 대한 반박을 담은 글을 쓴다면? 다음 글을 보자.

② 남북으로 갈라진 채 오랜 세월을 지내면서 세대교체를 겪다보니 분단의 아픔은 잊혀지고 분단된 현실에 그대로 안주하고 싶은 마음은 커지게 되었다. 최근에는 통일을 두려워하거나, 혹은 거부하는 이들까지 생겨나게 되었다. 어떤 이는 그저 '민족의 재결합'이라는 감성적인 명분을 위해 엄청난 비용과 부작용을 감수할 이유가 어디 있느냐고 항변하기도 한다. 하지만 위기에 빠진 가족을 구하기 위해서는 전 재산을 아끼지 않고, 헤어진 가족과 만나 재결합하는 것을 유일한 삶의 목적으로 삼고 평생을 살아가는 것이 인간이다. 인간에게 가족이란 이해득실을 따지는 계산의 대상이 아니며, 절대적인 당위에 속한다. 그리고 민족은 나, 그리고 가족의 확장이다. 민족통일은 경제적인 이해관계를 따져 선택하고 말고 할 문제가 아닌, 절대적인 과제다.

2번 글은 통일이 이해득실 계산의 대상이 아니고 절대적인 당위라고 주장하며 1번 글에 대해 반박하고 있다. 이렇게 두 글은 상반된 입장에 서 있다. 하지만 충분히 효과적인 반박을 하고 있는지는 생각해볼 필요가 있다.

이 글이 나쁜 글이라는 것은 아니다. 나름대로 자신의 가치관과 주장을 논리적으로 풀어낸 좋은 글이다. 하지만 만약 1번 글에 이견을 가지고 있고, 1번과 토론함으로써 설득하고자 한다면 위와는 다른 방식의 글쓰기가 필요하다. 2번 글은 1번과 다른 가치관을 던지고 있다. 하지만 가치관 자체가 다른 글들은 비교하고 설득할 수 있는 것이 아니라 그 차이를 드러낼 수 있을 뿐이다. 만약 '설득'을 원한다면, 논지가 아닌 논거에 대한 비판이 필요하다.

그럼 다른 예문을 한 번 보자.

③ 위의 글은 통일을 통해 얻는 것은 감정적인 명분뿐인 반면, 경제적인 비용과 사회적인 혼란과 불편 등 많은 희생을 치러야 하기 때문에 굳이 통일에 집착할 필요가 없다고 주장하고 있다. 하지만 그것은 지금 남북한이 치르고 있는 막대한 분단비용, 그리고 우리가 통일을 이루었을 때 얻을 수 있는 시너지와 기회비용을 계산하지 못한 단견이다. 지구상의 200여 개 나라 중 중간에도 끼지 못하는 작은 나라인 남북한은 분단이라는 불안정한 상황 때문에 각각 세계 10위권에 해당하는 막대한 방위비용을 지출하고 있으며, 그것은 주민들의 삶의 질

을 직접적으로 압박하고 있다. 또한 그렇게 상존하는 전쟁의 우려는 세계의 자본과 기술을 비롯한 수많은 기회들이 한반도를 기피하는 주된 이유가 되고 있으며, 그것은 대한민국의 경제적 잠재력을 절반 이상이나 잠식하는 요인으로 꼽히기도 한다. 물론 통일 과정에서 일정 기간 동안 사회적 혼란과 통일비용을 치러야겠지만, 그것은 장기적인 수익구조 개선을 위해 치르는 얼마간의 투자쯤으로 계산해도 좋을 것이다.

3번 글은 통일을 통해 명분만이 아니라 경제적인 이득까지 얻을 수 있다는 설명을 담고 있다. 이 글은 2번처럼 '생각의 차이'만을 드러내는 데 머물지 않는다. 1번을 '설득할 수 있는' 글이다. 바로 논지가 아닌 논거와 대결하고 있기 때문이다.

다시 말하지만, 2번 같은 글도 있고 3번 같은 글도 있다. 하지만 논술시험처럼 '능력을 겨루는' 글쓰기에서 요구하는 것은 논지의 다름만을 드러내는 글보다는 논거와 대결해 논박하거나 지지하는 글이다. 왜냐하면 논술시험을 통해 대학이 알고 싶은 것은, 수험생들의 가치관이 아니라 논리적인 사고능력이기 때문이다. 즉 자신의 논지를 주장하는 데 머물지 않고 자신이 선택한 논지를 충분한 논거로 설명하면서 동시에 자신과 다른 논지에 대해 효과적으로 반박할 수 있어야 한다.

이번에는 실제로 대학에서 출제했던 논제의 한 부분을 살펴보자. 2008년 서강대 수시전형에서 출제되었던 논제 중 일부분이다.

다음 제시문을 읽고 물음에 답하라.

㉮

한글 전용을 외치는 이들이 사실상 최후로 의지하는 방패는 민족 문화의 창달이다. 겨레의 독립(獨立)·자존(自尊), 정신(精神)의 유지(維持)·고양(高揚), 겨레 중흥(中興)의 역사적(歷史的) 사명(使命) 완수(完遂)를 위해서는 한글만 써야 한다는 주장이다. 그러면 과연 한글 전용을 해야만 독립(獨立) 자존(自尊)의 정신을 지니게 되고, 민족(民族) 중흥(中興)이 일어나며, 민족문화가 발전하는 것인지를 따져 보아야 할 것이다. 이때에 우리가 반드시 짚고 넘어가야 할 것은 문화의 본성(本性)이 무엇인지를 해명하고 인식하는 일이다. 그 다음에 민족문화의 정체(正體)를 해명하면서, 그 발전이 문자생활에서는 어떻게 나타나야 하는지를 논의하여야 한다.

문화는 넓은 의미에서는 삶의 양식이다. 삶의 양식은 질적으로나 양적으로 향상되어야 한다. 그것이 인간의 기본 욕구이기 때문이다. 그중에서도 사람들은 삶의 질적 향상 쪽에 비중을 더 두는 경향이 있다. 따라서 삶의 질을 높이는 일절의 생활양식을 문화라고 보면 좋을 것이다. 이처럼 질적 향상을 꾀하는 것이 문화의 본성(本性)이라고 볼 때 문화가 본질적으로 고급화(高級化)를 시도하는 멋스러움으로 보아야 할 것인가를 생각해 볼 필요가 있다.

문화의 특성은 교류와 결합을 본질로 한다. 인간의 생활이 역동적으로 삶의 터전을 넓혀 나가는 것이기 때문에, 새로운 요소와의 교유와 결합은 불가피한 것이요 자연스러운 현상이다. 그러므로 문화는 진돗개의 순종(純種)을 유지하듯이 혈통을 지키며 외부 요소를 차단해서도 안 되고, 차단할 수도 없는 것이다.

다른 한편으로 문화는 역사의 산물이요, 전통의 일부이다. 삶의 양식(樣式)은 세월의 흐름에 따라 일정한 유형을 형성하면서 외부 요소를 부단히 흡수(吸收) 조정(調整)한다. 마치 고유어가 외래어를 흡수 조정하여 새로운 우리말 어휘 체계를 구성하는 것과 같다. 그러면 우리 조상들이 지닌 문자 생활의 역사와 전통은 어떠하였는가? 우리 조상들은 이천년 가까이 오로지 한자를 통하여 새로운 문화를 창조하여 왔다. 인도에서 출발한 불교문화도 한자에 의한 중국 불교문화를 통하여 우리나라에 들어 왔으며, 중국 전통의 유교·도교 문화도 모두 한자를 매개로 수입되고 정착하여 토착화하였다. 그 뒤에 한자는 외래(外來) 문자(文字)라기보다는 우리 문자화(文字化)하여 그것으로 학문의 세계를 넓혔고 그것으로 정치 행정도 펼쳤으며 그것으로 예술 활동도 추진하였다. 원효(元曉)의 심오한 불교 사상이 쓰인 것은 유려(流麗)한 문체의 당대 한문이었으며, 퇴계(退溪)와 율곡(栗谷)이 지은 유교 사상의 금자탑(金字塔)도 그들의 원숙한 한문실력의 결정이었다. 우리나라 정치 문화 사회에 걸친 모든 과거 역사는 한자와 한문을 모르고서는 근처에도 얼씬거릴 수가 없는 실정이다.

- 심재기, 『교양인의 국어실력』

㉯

세계 어느 나라가 자기 국어이자 자국 문자를 제쳐 놓고 외국인들의 이해를 위하여 외국 문자를 쓰자고 주장하며 또한 그렇게 쓰고 있는가. 중국인이나 일본들이 한국 사람들을 위해 한국어를 쓰는가. 일본인들이 중국문자인 한자를 쓰는 것도 한국인이나 중국인을 위해서가 아니다. 자신들의 오랜 습관과 이해의 편의를 위해서 쓰는 것이다. 심지어는 한자의 종주국인 중국에서조차 한자를 '번자(繁字)'라 하여 번거롭게 여긴 나머지 쓰기 쉬운 간자(簡字)를 새로 만들어 정착시킨 지 오래이다. 이처럼 중국에서도 한자를 번거롭다고 쓰지 않고 있는 판국에 우리가 새삼스럽게 그들을 위해 한자를 써야 마땅한지 되물어 보지 않을 수 없다.

한글 문장 속에 한자를 드문드문 섞어 씀으로써 문장의 국제화를 획득한다는 것은 문장 속에 영어를 섞어 씀으로써 국제화를 획득한다고 여기는 것과 마찬가지이다. 그것은 오히려 국제화에 역행하는 일일 뿐만 아니라 문자의 기계화를 거스르는 전근대적 발상이기도 하다. 두 가지 문자를 혼용한다는 것은 기계화에 그만큼 무리를 가져올 뿐 아니라 실제로 비능률적이기 짝이 없다. 특히 한자는 한글이나 알파벳과 달라서 완성형태의 낱자를 찾아 쓸 수밖에 없으므로 쓰는 데 속도가 상당히 떨어질 뿐 아니라, 수많은

110

한자들을 일일이 만들어 넣어 두어야 하므로 컴퓨터 메모리 용량도 엄청나게 차지한다. 자연히 기계화에 큰 장애물 구실을 할 수밖에 없다.

　우선 중국인이나 일본인들이 한글 속에 드문드문 섞여 있는 한자를 통해 한국학자들의 연구성과나 한국작가들의 작품을 이해하려 든다면 큰 오산이다. 그것은 일본어를 모른 채 한자만으로 일어서적들을 온전하게 이해할 수 있다는 것과 마찬가지의 억지이다. 더군다나 몇 마디 한자를 통해 우리 문장을 어렴풋이나마 짐작한다면 더 큰 문제이다. 그들은 한자 지식만 믿고 절대로 한글을 배우는 수고를 따로 하지 않을 터이니 말이다. 특히 세계의 대부분을 차지하는 비한자권의 나라들은 한국어를 배울 엄두조차 내지 못하게 된다. 왜냐하면 한글뿐만 아니라 한자까지 익혀야 한국에서 간행되는 문장을 읽을 수 있다면, 누가 한국문장을 읽으려고 한글을 배우고자 할 것이며 또 누가 한국학을 하기 위하여 한글과 한자의 두 문자를 배우는 이중의 수고를 즐겨 감당하려하겠는가.

– 임재해, 『한국민속학과 현실인식』

제시문 ㉮와 ㉯는 '한글전용'에 대한 상반된 입장을 나타내고 있다. 이 가운데 어느 하나의 입장을 택하여 다른 글을 비판하되, 그 글 속에서 제시된 구체적 사례를 중심으로 서술하라.
(분량 : 800~1,000자)

두 제시문의 요지를 간단히 정리하면 다음과 같다.

㉮

- '민족문화창달'을 위해 한글전용을 해야 한다는 주장은 잘못된 것이다.
- 문화의 본질은 교류와 결합이며, 그런 가운데서 발전하는 것이기 때문이다.
- 또한 우리 전통문화도 한자를 통해 외래문화를 흡수하고 토착화하는 가운데 형성되고 발전되어온 것이기 때문이다.

㉯

- 외국인의 편의를 위해 외국문자를 쓰는 나라는 없다.
- 두 가지 이상의 문자를 쓰는 것은 비능률적이며 기계화에도 역행한다.
- 게다가 우리 문화에 대한 오해를 초래함으로써 왜곡과 혼선을 야기할 것이다.

논제에서는 이 둘 중 한 가지 입장을 택해 다른 한 쪽을 비판하라고 했다. 어느 학생이 이 논제에 대해 쓴 글을 함께 보면서 평가해보자.

1. 민족문화의 창달을 위해 한글만을 전용해야 한다는 견해는 잘못

되었다. 문화는 교류를 통해서만 발전하는 것이며, 우리문화 역시 그렇게 만들어진 것이기 때문이다. 우리나라가 자랑하는 전통 음식문화인 김치만 하더라도 멕시코에서 유럽 상인들의 손을 통해 일본을 거쳐 들어온 고추라는 작물이 없었다면 지금의 맛을 낼 수 없었을 것이며, 한글조차도 중국의 한자를 비롯한 여러 나라의 문자를 연구하고 참고함으로써 고안된 것이다. 따라서 한글만 사용해야 민족문화를 지키고 발전시킬 수 있다는 주장은 궤변에 불과한 것이다.

2. 자신들이 아닌 외국인들의 편의를 위해 문자를 혼용한다는 것은 잘못된 생각이다. 문화의 발전은 남의 문화를 접하면서 더 나은 것을 배우고 흡수하는 가운데 이루어지는 것인데, 자기 문화에 대한 자존심을 포기한다면 배우고 흡수할 본바탕이 사라지는 것이기 때문이다.

두 입장 사이에서 찬성과 반대는 여러 가지 방식으로 이루어질 수 있다. 하지만 논리적으로 적절한 비판은 두 제시문의 논거를 대결시킬 때 가능하다. 그런데 위에서 예를 든 두 편의 글은 모두 엉뚱한 상대의 논거를 공격하고 있다. 서로 허공을 향해 주먹을 휘두르는 격이다.

사실 제시문 ㉮와 제시문 ㉯는 서로를 향해 글을 쓴 것은 아니다. ㉮에서는 '민족문화 창달'론자들을 비판하지만, ㉯는 그것을 위해 한글 전용을 하자고 하는 것이 아니기 때문이다. 오히려 두 제시문은 공유하는 전제가 있다. '어느 것이 우리 문화발전에 도움을 줄 것인가, 특히 오늘날 같은 세계화 시대의 문화교류 과정에 더 유리할 것인가'를 두고 서로 다른 판단을 내리고 있는 것이다. 따라서 다음과 같은 정도의 비판이 적절할 것이다.

문화교류는 서로 다른 문화가 부딪히고 섞이면서 긍정적인 힘을 만들어내는 것이다. 그런데 문자혼용을 통해 문화가 획일화되거나 서로 다른 내용의 문화가 하나의 언어로 번역되어 교류됨으로써 왜곡을 내포하는 것은 오히려 비효율을 초래할 수 있다.

논술적인 글들은 대개 논지와 논거로 구성되어 있다. 그리고 논거가 논지를 결정하는 것이므로, 어떤 제시문이나 입장을 비판할 때는 그 논거를 부정하거나 극복해야 한다.

논제에서는 흔히 제시문의 논지와 논거를 통해 논술의 범위를 설정한다. 따라서 논지와 입장만 정리한 채 나름의 생각을 집어넣어 글을 만들려고 허우적대지 말고, 차분하게 제시문의 논지와 논거를 분석해 자신이 어떤 범위에서 어떤 종류의 논거를 동원해야 하는지 생각한 다음 글쓰기를 시작해야 한다.

08 논술시험이 요구하는 창의력

논술시험에서 창의력은 굉장히 중요한 평가요소이다. 하지만 창의력만큼이나 애매하고 어렵게 느껴지는 요소도 없다.

대부분의 대학교들이 논술시험에서 '창의력'이라는 항목에 30% 안팎의 배점을 하고 있다. 그것만으로도 상당히 큰 비중이긴 하지만 실제로 창의력이 논술시험의 성적에 미치는 영향은 30%보다도 훨씬 크다고 봐야 한다. 학생들의 답안들 중 고득점자와 저득점자 간의 점수 차가 가장 크게 나타나는 것이 바로 창의력 항목이기 때문이다. 아마도 이해분석력이나 논증력은 다른 과목의 수능시험 준비과정과 마찬가지로 '열심히' 하면 어느 정도 향상되는 영역인 반면, 창의력은 조금 다른 종류의 능력이기 때문인 모양이다.

논술시험의 맥락에서 창의력이라는 말의 의미를 정확히 이해하지 못한 채 그 부분에서 높은 점수를 받는 독창적인 글을 쓰려고 너무 욕심을 부리다보면 오히려 논점을 벗어나거나 논리적 비약을 범하는 글을 쓰게 될 우려가 있다. 창의력이란 말 그대로 '새로운 생각을 할 줄 아는 능력'을 말하지만, 그 '새로움'이라는 것이 맥락을 벗어나는 '엉뚱함'을 의미하지는 않기 때문이다.

특히 이 책의 첫 부분에서 논술문은 '논제의 의도와 요구대로, 제시문이 설정한 범위 안에서 써야 한다'고 했다. 정해진 범위와 의도 안에서 쓰라고 하면서 창의력을 보이라는 말은 모순처럼 보인다. 그렇다면 논술시험에서 우리가 발휘해야 하는 창의력이란 무엇인가?

우선 대학이 논술시험의 평가요소로서 창의력에 대해 어떻게 규정하고 있는지 살펴보자.

● **심층적인 논의 전개**

– 주장이나 논거에 대해 스스로 가능한 반론 제기

– 논의에서 더 나아간 함축이나 귀결들에 대해 고려

– 논의가 전개되고 있는 맥락이나 배경 상황에 대한 적절한 고려

– 묵시적인 가정이나 생략된 전제에 대한 고찰

● **다각적인 논의 전개**

– 발상이나 관점의 전환을 시도

– 가능한 대안들에 대한 고려

– 여러 이질적 개념들의 종합

– 암묵적으로 가정된 전제에 대한 비판적 고찰

● 독창적인 논의 전개

– 주장이나 논거의 새로움

– 문제를 통찰함에 있어 특이함

– 관점이나 논의 지평에 참신함

*서울대 2008년 논술 모의고사 해설 자료 중, "창의력" 항목에 대한 설명

심층적이고, 다각적이고, 독창적인 논의 전개. 결국 '깊고, 다양하게' 생각함으로써 흔히 쉽게 떠올릴 수 있는 것 이상의 분석과 대안을 제시하라는 말이다.

간단한 논제의 사례를 검토하고 넘어가자. 서울대 2008년 모의고사 논제 중 한 토막이다. 논제와 학생 답안, 그리고 그에 대한 평가를 '창의력' 부분에만 초점을 맞추어 살펴보자.

문제

*2008년 서울대 모의고사

게임과 폭력의 상호연관성을 정확하게 파악하기 위한 방안을 제시하시오. (500자 이내)

〈 학생 답안 〉

게임과 폭력의 상호연관성을 정확하게 파악하기 위해서는 어떻게

해야 할까? 이 둘의 상호연관성을 파악하기 위해서는 게임이 폭력에 미치는 영향과 폭력이 게임중독에 미치는 영향을 모두 조사해야 한다. 게임의 폭력성이 현실의 폭력을 증가시킬 수도 있지만 폭력적인 사람이 게임의 폭력성에 매료되어 중독으로 이어질 수도 있기 때문이다. 우선 게임이 폭력성에 미치는 영향력에 대해서 조사하기 위해서는 기준집단을 게임에 중독되었거나 중독될 위험이 있는 집단으로 삼는다. 그리고 게임중독자 혹은 중독될 위험이 있는 사람들 중 폭력범죄를 일으킨 사람의 수를 조사한다.

그런데 게임중독이나 가능성이 있는 사람의 수 중 폭력범죄를 일으킨 게임중독자의 수의 비율이 게임이 폭력범죄에 영향을 줄 수 있다는 것을 보장하는 것은 아니다. 정확한 관계를 파악하기 위해서는 게임 중독에 관련 없는 사람들 중 폭력범죄자의 비율도 파악해야 한다. 폭력이 게임에 미치는 영향력을 알아보는 것 또한 위에서처럼 기준집단을 잡고 조사하면 된다.

〈 평가 〉

창의력의 한 측면은 다양한 해결책을 제시할 수 있는지 여부이다. 이러한 점에서 이 답안은 창의성이 있는 답안으로 생각된다. 특히 "게임의 폭력성이 현실의 폭력을 증가시킬 수도 있지만 폭력적인 사람이 게임의 폭력성에 매료되어 중독으로 이어질 수도 있기 때문이다."라는 부분은 학생들이 쉽게 생각하기 어려운 내용이었다.

흔히 폭력적인 게임이 청소년들의 폭력적인 성향을 부추기는 원인이라고 생각하는 경우가 많다. 그래서 청소년들의 폭력성을 줄이기 위해서는 게임 이용을 통제해야 한다는 생각이 널리 퍼져 있다. 하지만 반대로 생각해볼 수도 있다. 원래 폭력적인 성향을 가진 사람들이 폭력적인 게임에 중독되는 경우들이 많을 수도 있다는 것이다. 그렇다면 게임이 폭력적인 행동에 미치는 영향은 생각보다 미미할 수도 있고, 게임 이용 통제보다 더 효과적인 다른 대책을 찾는 것이 중요할 수도 있다. 위의 학생이 쓴 글은, 바로 흔한 통념의 반대 방향으로 생각해볼 수 있었다는 점에서 '창의적'이라는 평가를 받았다.

결국 논술시험에서 요구하는 창의력이란, 주어진 문제에 대해 얼마나 깊이, 다양하게, 다각적으로, 그리고 꼼꼼하게 생각해서 정리하는가를 측정하는 항목이다. 암기된 지식이 아니라 나름대로 문제나 현상을 진지하고 분석적인 눈으로 다양하게 살펴볼 수 있어야 한다는 것이다.

어떤 학생은 창의적인 답안을 쓰기 위해 남들이 도저히 따라할 수 없을 것 같은 이야기를 하기도 한다. 하지만 그렇게 시험장에 앉아서 갑자기 떠올리는 '독창적인 생각'이란 대개 엉뚱하거나 엽기적인 생각일 뿐이다. 흔히 말하는 논점일탈이다.

그래서 기본적으로 이렇게 발상을 바꿔보면 쉽다. '남들이 따라 나가지 않는 범위 바깥의 생각'이 아니라 '남들이 미치지 못하는 심층의 생각', 그러니까 더 깊이 있는 생각을 해보도록 하자.

연습논제를 하나 풀어보면서 좀 더 구체적으로 생각해보자.

논제 : 다음 두 가지 사회문제를 종합적으로 해결할 수 있는 방안을 제시하라.

①

올해 취업시장은 더욱 얼어붙을 전망이다. 세계적인 불황의 여파 속에 100대 대기업은 올 해도 채용인원을 줄이겠다고 밝히고 있으며, 설문조사에서도 절반 이상의 기업인들이 올해 인건비 절감을 주요한 경영전략으로 꼽고 있는 실정이다. 이제 대학에서 '취업재수'라는 말은 일반화되면서 오히려 잘 쓰이지 않는 말이 되어버렸고, 취업연령과 더불어 결혼연령까지 치솟으면서 출산율 저하를 비롯한 여러 가지 사회문제로 옮겨 붙고 있다.

②

경기도 안산을 비롯한 수도권 변두리의 중소규모 공장에 구인 비상이 걸렸다. 최근 외국인 불법체류자에 대한 일제단속이 시작되면서 벌어진 일인데, 국내 인력이 외면하는 사이 '3D 업종'이라 불리는 중소규모 생산 공장의 빈자리를 채우던 외국인 노동자들이 대거 체포되거나 피신하면서 벌어진 일이다.

위의 제시문들은 우리 사회의 아이러니한 일면을 보여주고 있다. ①은 구직난을, ②는 구인난을 다루고 있는데, 두 가지는 본질적으로 상충된다. 따라서 두 가지 현상이 동시에 일어난다는 것은 논리적으로는 모순이다. 하지만 우리는 왜 저런 일들이 동시에 벌어지는지 잘 알고 있다. 남는 사람은 대졸 고학력자들이고, 남는 직장은 3D 업종의 생산직들이다. 즉, 학력이 높은 사람은 너무 많고, 굳이 높은 학력이 필요하지 않는 생산직의 일자리도 너무 많다는 것이다.

그럼 어느 학생의 답안을 함께 살펴보자. 간단한 문제니까 글 전체를 볼 필요는 없겠고, 결론만 추려서 나열해보도록 하자.

1. 3D 업종에 대한 편견을 불식시키기 위한 홍보활동에 주력한다.
2. 대졸자들이 눈높이를 낮춰야 한다.
3. 중소기업에 대한 정부지원을 늘려야 한다.
4. 대기업, 중소기업, 구직자들이 모여 대책 논의 기구를 만들자.
5. 중소기업에서 일정기간 근무한 사람들에 대해서는 대기업 입사 지원시에 가산점을 부여하자.

다섯 가지 답안을 소개했다. 어떤가? 좋은 답안인가? 나는 위의 글들을 이렇게 분류하고 싶다. 1,2,3번은 진부한 답안. 4,5번은 엽기적인 답안. 물론 진부한 답이나 엽기적인 답이나 모두 좋은 답안은 아니다.

우선 진부한 답안이 좋지 않은 이유는, 누구나 다 알고 생각하면서도 실행하지 않는 것은 그럴 만한 이유가 있기 때문이다. 그리고 엽기적인 답안이 좋지 않은 이유는, 고등학생도 몇 분 만에 떠올릴 수 있는 생각을 그동안 전문가들이 하거나 실행하지 않은 것은 다 그럴 만한 이유가 있기 때문이다.

우선 1번을 보자. 학생들이 사회문제에 대한 해결책으로서 자주 쓰는 것 중의 하나가 편견의 불식이다. 하지만 그것이 정말 편견인지, 아니면 잘못된 현실에 대한 정확한 인식인지는 더 생각해봐야 한다. 왜냐면 3D 업종에 대한 부정적 인식은 편견이 아닌 객관적 인식에 가깝기 때문이다. '3D', 즉 더럽고 위험하고 힘들다는 표현 속에 이미 그 내용이 모두 들어 있지 않은가? 중소기업 생산직의 작업환경과 보수가 열악한 것은 결코 오해나 편견이 아니다. 만약 편견이 문제라면 '체험'을 통해 쉽게 해결할 수 있다. 고등학교나 대학 교과과정에 1,2주간의 중소기업 생산직 체험활동을 반영해서 학생들이 짧게나마 직접 체험을 해본다면 '편견'은 불식될 수 있고, 중소기업들의 구인난은 쉽게 해결될 것이다. 하지만 정말 그런가? 만약 그런 정책을 시행한다면, 학생들은 대기업 입사시험 준비에 더 열을 올리게 될지도 모른다. 말로만 들었던 것보다도 훨씬 더럽고 위험하고 힘든 일이라는 것을 체감하게 될 테니까 말이다.

그렇다면 2번은 어떤가? 눈높이를 낮추기만 하면 해결이 될 것처럼 이야기한다. 하지만 정말 그런가? 여러분은 이렇게 밥 먹을 시간, 잠 잘 시간까지 다 바쳐가며 힘들게 대학에 들어가서 다시 학기당 수백 만 원의 돈을 쏟아부어가며 졸업한 뒤 생산직으로 자신의 눈높이를 낮출 수 있겠는가? 이렇게 자신 스스로도 감당할 수 없는 이야기를 해결책으로 떠올리는 것은 허무한 일이다. 그리고 만약 '나는 그럴 수 없지만 너희는 그래야 한다'는 생각이 깔려 있는 것이라면, 그것은 도덕적으로 옳지 않다.

이번에는 3번을 보자. 중소기업들에 대해 구직자들이 지원을 하고 싶을 만큼 정부의 지원을 늘리는 것이 가능한가? 혹은 이윤이 목적인 개인 기업에 무작정 정부재정을 쏟아 붓는 것을 여러분의 부모님은 납세자로서 동의할 수 있겠는가?

4번. 무작정 모인다고 해서 해결될 일이 아니며 모인다고 한들 무엇을 어떻게 할 것인가? 모이기만 하면 서로의 입장이 조율되고 양보가 이루어질 수 있는가? 또, 그 모임에는 어떤 절차로 대표를 뽑고 어떤 권한을 위임해서 내보내야 하는가?

5번. 기업에 대해 가산점을 주고 말고 하는 것을 정부가 정책으로 만들어서 추진하는 것은 월권이다. 채용은 어디까지나 기업의 권한이기 때문이다. 게다가 중소기업에서의 근무경험이 대기업에서 꼭 필요한 것이 아니라면, 대기업에게 일방적으로 사회적 짐을 지우는 꼴이 될 수도 있다.

그렇다면 도대체 어떤 답을 써야 창의적이라는 평가를 받을 수 있을까? 다음 답안을 보자.

1. 중소기업과 대기업간 불공정거래나 대기업의 문어발식 확장 등, 중

소기업의 생존과 성장을 가로막는 대기업의 횡포를 철저히 감독하고 제어함으로써 중소기업이 자생할 수 있는 환경을 조성해야 한다.

2. 무분별한 대학 설립을 막고 실업계 고교와 전문대학에 대한 지원을 확충해, 대학이 비대화되어 학력 인플레를 양산하고 산업 현장과의 불균형을 심화시키는 문제를 해결해야 한다.

문제의 본질이 대학교육의 비정상적인 비대화, 그리고 대기업에 편중된 산업구조에 있다는 인식이 뒷받침된 글들이다. 대학졸업자의 취업난과 중소기업의 열악한 환경의 근본적 원인을 좀 더 깊이 파헤친다면 충분히 다다를 수 있는 생각이다. 이처럼 창의적인 글은 사회문제를 자신의 문제로 놓고, 깊이 생각할 때 가능하다. 적어도 논술시험에서는 창의력이 결코 기발함을 의미하지는 않다. 창의적인 글을 쓰기 위해서 기발한 생각이 아니라 문제의 원인에 대한 깊은 생각, 그리고 진지한 생각을 해야 하는 것이다.

이번에는 조금 더 진지한 문제를 가지고 한 번 더 확인해보자.

● 이공계 기피현상의 문제점에 대해 설명하시오.

자연계 학생이 아니더라도 이공계 기피현상에 대해 한 번쯤 생각을 해볼 필요가 있다. 자연계 학생에게는 직접적으로 닥친 현실의 문제이기도 하지만, 그 밖의 사람들 역시 우리 사회의 가치관이 어딘가로 쏠려가는 현상의 문제점을 피해갈 수는 없기 때문이다.

이공계 기피현상이란, 자연계열의 우수학생들이 이학이나 공학계열 대신 의치한약계열로 쏠리는 현상을 말한다. 단지 합격 커트라인에서 극심한 격차가 나타난다는 것이 문제가 아니라, 이학이나 공학계열 신입생들 중 많은 수가 의학계열 입학을 위해 휴학한 상태에서 재수를 하면서 이공계열 강의실이 황폐화되고 있는 현상을 가리킨다. 비슷하게 인문계 쪽에서는 '인문학의 위기'가 팽배해 있기도 하다. 두 가지 모두 공통적으로 순수학문, 기초학문이 외면 받고 실용학문, 취업걱정이 적은 학과로 몰리는 현상을 말한다. 이번에도 학생들이 쓴 글을 몇 개 검토해보자.

1. 이공학 발달이 지체되고, 이공계에서 우수한 인력이 배출되지 못함에 따라 산업생산력이 약화되고, 끝내 국가경쟁력이 약화된다.

2. 기초학문 분야가 부실해짐에 따라 최종적으로는 의학을 비롯한 실용학문까지도 발전하지 못하는 총체적인 난국에 빠지게 된다.

우선 1번은 문제의 표면만 본 피상적인 글이다. 물론 우수한 인력이 이공학 분야를 외면하면 제조업의 경쟁력이 직접적인 타격을 받게 될 것이다. 하지만 이에 대해 '더 부가가치가 높은 의료업에 주력함으로써 국가경쟁력을 끌어올리면 된다'는 반박을 할 수도 있다.

　반면 2번은 상대적으로 문제의 심층을 살핀 글이라고 할 수 있다. 이공학을 단순한 하나의 분과학문으로 본 것이 아니라 '기초학문'이라는 개념으로 파악하고, 그것이 약화될 경우 초래될 수 있는 문제점들에 대한 깊은 생각을 표현했기 때문이다.

　이 주제에 대해 한 가지 더 소개하고 싶은 어느 학생의 답안이 있다. 아주 창의적인 글인데, 여러분에게도 이렇게 쓰라고 권하기 어려울 만큼 깊고 창의적인 인식이 들어 있다. 그저 한 번 듣고, 이렇게 생각하는 것도 가능하구나, 하고 참고하길 바란다.

　이공계를 기피하고 의학계열을 선호하는 것은 그것이 '먹고 사는 것'과 어느 정도의 '사회적 지위'를 보장해주기 때문이다. 그리고 우수학생들 대다수가 그런 것을 지향한다는 것은, 우리 사회 전체의 흐름이 '먹고 사는 일'과 '사회적 지위'로만 쏠려가고 있음을 증명하는 것이다. 따라서 이런 현상이 계속되고, 심화되면 우리 사회는 점점 더 수단이 목적을 압도하고, 약육강식의 본능이 지배하는 정글 같은 곳이 될 것이다. 이렇게 '이공계 기피현상'이란 우리 사회가 방향을 상실한 채 밀려가고 있음을 드러내 보여주는 동시에 그런 경향을 심화시키는 현상이라는 점에서 그 문제점을 발견할 수 있다.

　자, 이 글이 창의적인 이유는 단순히 현상의 파악에 그친 것이 아니라 현상의 근본적 원인과 그로 인한 사회적 맥락에서 깊은 통찰의 흔적을 보여주기 때문이다.

마지막으로 연습논제 하나를 함께 더 풀어보자.

다음 기사에 나타난 사회현상의 문제점과 그 해결책에 관해 논술하시오.

청소년 10명 중 8명이 인터넷 음란물을 접촉해본 것으로 나타났다. 한국여성인권진흥원이 홍봉선 신라대 교수와 남미애 대전대 교수에 맡겨 조사한 '2010년 청소년 성문화 의식조사' 결과를 25일 발표했다. 전국 80개 중·고등학교 2학년 재학생 2,538명과 위기청소년 356명이 조사에 참여했다.

청소년 대부분은 인터넷 음란물 접촉 경험이 있었다. 조사 대상자 중 79.4%에 달하는 2,280명, 특히 남학생은 1,403명 중 1,220명(87.0%)이나 됐다. 인터넷 음란물을 접속하는 과정은 우연한 경우가 40.8%로 많았다. 하지만 자주 이용하는 사이트를 통하거나(26.9%) 친구 또는 선후배 소개(17.6%)로 접촉하는 경우도 상당수였으며, 직접 검색해 접촉했다는 답변도 4.4%였다.

그리고 아래는 이 논제에 대한 어느 학생의 글이다.

최근 정보통신의 발달은 보다 많은 정보를 제공하는 긍정적인 효과와 함께 부정적인 측면도 가지고 있다. 그 대표적인 예가 미성년자들에 까지 무분별하게 노출되고 있는 음란물의 문제다. 실제로 오늘날 대다수의 청소년들은 인터넷 P2P프로그램 등을 통해 거의 아무런 어려움 없이 불법 프로그램이나 동영상을 접하고 있다.

이렇게 많은 청소년들이 음란물에 노출되어 있는 것은 심각한 문제다. 왜냐하면, 청소년들은 멀지 않은 장래에 우리 국가와 사회를 이끌어갈 미래의 주역이기 때문이며, 음란물에 찌들어있는 현실은 반드시 그들이 우리 사회를 주도해나갈 미래에 심각한 문제들로 나타날 것이기 때문이다.

우선 음란물을 차단하고 걸러낼 수 있는 차단프로그램을 적극적으로 개발해야 한다. 물론 지금도 각종 프로그램들이 보급되어 있긴 하지만, 컴퓨터를 웬만큼 아는 청소년이라면 간단한 조작으로도 피해나갈 수 있기 때문에 거의 효과가 없다. 따라서 실효성이 있는 차단프로그램을 개발해서 보급하는 것이 시급하다.

또한 음란물을 만들고 유통시키는 성인들부터 문제의 심각성을 인식하고 인식을 전환하여 사회적인 책임을 다해야 한다. 실제로 많은 청소년들은 의도한 것이 아니더라도 무차별로 배포되는 스팸메일을 통해 음란물에 접하고 있기 때문이다.

그러나 이런 것보다도 더 중요한 것은 가족 간에 더 많은 대화를 가지는 것이다. 왜냐하면 가족 간 대화의 부족으로 인한 정서적 고립감, 청소년들의 컴퓨터 사용에 관한 부모의 무관심이 오늘날 청소년 문제의 가장 근본적인 원인이기 때문이다.

오늘날 음란물의 범람은 정보화 과정에서 나타난 불가피한 부작용일 수도 있다. 그러나 그것이 청소년에게까지 악영향을 미치는 것은 그냥 간과할 수 없다. 그것은 우리 전체의 미래와 관련된 문제이기 때문이다. 따라서 이 문제의 해결이 정보화를 진전시키는 노력 이상으로 중요한 것임을 우리 모두가 인식해야 할 것이다.

혹시 여러분도 이런 글을 써본 적이 있는지 모르겠다. 사람이 글을 써나가는 것이 아니라 글이 사람을 끌고 가는 글 말이다.

지금 이 글을 읽으면서 얼핏 '무난하다'고 생각한 사람도 있을지 모르겠다. 하지만 이 글은 문제점도 정확히 지적하지 못했고, 원인도 분석하지 않았으며, 그랬기에 당연히 해결책도 부실한 '빤한 아이디어 나열하기'에 머물러 있다.

우선 이 글은 '청소년들이 음란물에 널리 노출되어 있다'는 현상을 다루고 있다. 그리고 글의 대부분이 이런 현상을 극복하기 위한 대안으로 채워저 있다. 하지만 '해결해야 하는 이유', 즉 문제점이 분명하지 못하면 해결책이 아무리 신선하고 심오해도 아무 소용이 없다. 왜 해결해야 하는지도 모르는데 해결책이 무슨 필요와 의미가 있단 말인가?

그 다음으로는 원인이다. 어떤 문제점을 해소하기 위한 해결책이란, 그 문제를 일으키는 원인을 제거하는 것에서 비롯된다. 따라서 원인을 찾아내지 못한 채 나열해대는 해결책이란 아무 쓸모없는 것일 가능성이 높다. 위의 글에서도 그렇다. 차단프로그램과 성인들의 각성, 가족 간의 대화를 제안하고 있다. 각각의 실효성을 떠나 어떤 맥락과 어떤 이유에서 저런 해결책이 제시되었는지 이해할 수 없다. 물론 설득력을 가지기도 어렵다. 그래서 반대로 생각해본다면, 만약 청소년들의 자제력 부족이 원인이어서 차단 프로그램의 개발이 필요하다든가, 정서적 고립감 때문에 음란물에 빠져드는 경향이 있다는 연구결과를 토대로 가족 간의 대화를 제안했다면 지금의 상태보다는 훨씬 설득력 있는 글이 될 수 있었을 것이다.

창의적인 글을 쓰고 싶다면 논제의 의도와 내용을 정확히 이해하려는 노력을 해야 하고, 그 문제에 대해 남들보다 조금 더 깊은 생각을 보여줘야 한다. 그러기 위해서 어떤 내용을 한번 접하면 무작정 외우려고만 하지 말고 진지하게 생각하여 자기 것으로 만드는 습관을 들여야 한다. 글을 한 번 쓰더라도 대충 쓰지 말고 최고의 답안을 만들겠다는 욕심으로 조금 더 고민을 해야 한다. 그런 점에서 논술 고득점의 비밀은 창의력 부분에 있는지도 모른다.

09 주체적으로 생각하기

구술면접 시험장에서는 수험생이 보충질문 한 방에 넉아웃(K.O) 되어
버리는 경우가 종종 있다. 예컨대 '취업난을 해소하기 위한 대책'을 묻
는 질문에 '대졸 취업지망생들 각자가 눈을 낮추고 생산직과 3D 업종
에도 관심을 가져야 한다'고 답했다가 '자네도 그럴 생각이 있는가?'라
는 질문에 말문이 막혀버리기 십상이다. '양극화 해소를 위한 대책'을
묻는 질문에 대해서도 '모든 시민들이 적극적인 기부와 봉사를 통해
공동체의 일원임을 증명해야 한다'고 답변했다가 '자네는 어떤 기부와
봉사의 경험을 가지고 있는가?'라는 질문 앞에서 말을 더듬게 되는 경
우 등이 그렇다.

　글에서도 다르지 않다. 자신을 돌아보지 않고, 강 건너 불구경하듯
'남들' 이야기만으로 채운 글에서는 진정성도 느껴지기 어려울 뿐 아니
라 심각한 빈틈을 안고 있을 가능성도 매우 높다. 그만큼 꼼꼼한 사고
과정을 거친 글이 아니기 때문이다. 여기서는 논술문에서 '나'를 중심

에 놓는다는 것이 왜 중요한지 간단한 사례를 통해 살펴보도록 하자.

예를 들어 이런 논제가 출제됐다고 생각해보자.

출산율 급락 문제에 대한 대책을 제시하라.

이 문제에 대해 흔히 제기되는 대안은 이런 것들이다. 물론 우리 정부에서 정책에 반영해 추진하고 있는 것들이기도 하다.

- 출산보조금
- 고궁이나 공원 무료입장
- 3째 이하 자녀 세금감면
- 분유와 기저귀 세금감면

논술시험에서 이런 해결책을 적으면 좋은 점수를 얻을 수 있을까? 그렇지 않다. 앞에서도 밝혔듯이 실제로 우리 사회에서 쓰고 있는 정책들이니까 일단 그다지 신선할 것은 없는 대안들이다. 그러면서도 정작 별 실효성도 없는 대안들이기도 하다. 어느 모로 보나 좋은 대안일 수 없다.

그렇다면 생각해보자. 머리 좋고 공부 잘하는, 명문대 출신 공무원들이 생각해낸 정책이고 세금을 들여서 추진하고 있는 것들임에도 불구하고 실효성이 없는 이유는 무엇일까? 우선 어떤 문제에 대한 해결책을 찾을 때 가장 필요한 것은 '머리-지식'이 아니라는 점을 새겨두고 시작하자. 지식이 짧고 독서가 부족해서 좋은 해결책을 찾지 못한다는 것은 대개 변명에 불과하다. 진지하게 고민해보면 해답은 멀지 않은 곳에 있다. 가장 중요한 것은 '원인'을 찾는 과정이다.

이렇게 스스로 반문해보자. 여러분도 결혼하면 아이를 많이 낳고 싶지 않을 것이다. 이유는 무엇인가? 그리고 그 반문에 대해 진지하게 고민했다면 대략 이런 답들이 떠오를 것이다.

첫째, 비용. 특히 (사)교육비.
둘째, 여성들이라면 직장(사회생활)을 잃거나 불이익을 받기 때문

그렇다면 사교육비를 절감시킬 수 있는 교육개혁이나 사회개혁이 먼저 필요하다거나, 직장 내에서 출산 여성이 불이익을 받지 않도록 제도적 장치를 마련하거나 직장 내 탁아시설을 확충해야 한다는 논지를 펼칠 수 있다. 그것이 훨씬 실효성 있고, 무엇보다도 '이 문제에 대한 깊은 통찰'을 보여주는 답이 된다.

전설적인 경영자 스티브 잡스가 운영하던 시절의 애플 사(社)는 '시장조사'라는 것을 거의 하지 않았다고 한다. 어떤 상품을 개발할 때 소비자들에게 '어떤 기능을 필요로 하는지' 설문조사하는 따위의 일은 하지 않았다는 것이다. 그럼에도 불구하고 애플이 생산한 컴퓨터와 휴대폰 등은 출시될 때마다 늘 '소비자의 마음을 너무 잘 안다'는 찬사를

받았고, 그것은 애플을 세계 최고의 기업 중 하나로 이끈 이유이기도 했다. 소비자들에게 묻지도 않고 만든 제품들이 어떻게 소비자들을 사로잡을 수 있었을까? 그것은 바로 소비자이기도 한 그들 자신의 마음을 잘 읽었기 때문이다.

"내가 쓰고 싶은 물건을 만든다."

이것이 바로 애플의 창업자 스티브 잡스의 생각이었다. 즉, 스스로의 마음을 읽어냄으로써 소비자들의 필요와 소비자들 자신에게 필요한지조차 깨닫지 못한 마음까지 읽어내서 상품 개발에 반영할 수 있었던 것이다. 이와 마찬가지로 스스로의 마음을 읽어내는 데서 출발한 글은 역설적이게도 많은 독자들과 공감하고 진심으로 소통할 수 있다. 왜냐하면 자신의 문제와 고민이 누군가의 문제이기도 하며 우리 개개인은 모두 하나로 이어진 거대한 연결망의 일부분이기 때문이다.

창의적인 해결책이란 바로 이런 것이다. 창의적인 해결책은 엽기적인 발상이 아니라 그 문제에 대한 깊은 통찰에서 비롯된다는 말은 이런 이유 때문이다.

간단한 연습논제 하나만 더 풀어보자.

90년대 말 외환위기 이후 지속적으로 저축률이 떨어지고 있다. 그리고 최근에는 가계대출이 급증하며 가계 경제의 부실화가 심화되고 있다. 가계의 안정화를 위해 저축률의 제고가 필요하다는 진단이 있는데, 그것을 실행할 수 있는 대안을 제시하라.

이런 해답들이 나와 있다고 생각해보자.

- 저축 장려 캠페인
- 초등학생 저축교육 강화
- 금리 인상 / 소비세 인상

저축률 저하의 원인이 과연 저축에 대한 인식과 교육의 부족 혹은 과소비 때문일까? 물론 그런 면이 없지 않을 것이다. 하지만 그것이 가장 중요한 원인이라고 할 수 있을까? 여러분 가계의 수입과 지출에 대해 대략이라도 생각을 해본다면, '꽤 버는 것 같은데도 항상 쪼들리는' 느낌이 들 것이다. 이유는? 대개의 경우 부동산과 사교육비라는 '돈 먹는 하마'를 집집마다 키우고 있기 때문이다. 즉, 각 가계 자산의 가장 큰 부분은 집값, 혹은 전세 값으로 깔고 앉아 있거나 '내 집 마련을 위한' 내

핍생활을 감수하는 중이기 때문이다. 게다가 수험생 자녀를 둔 집안이라면, 가능한 모든 수단과 방법을 동원해 메워대고 있는 사교육비가 전체 소비지출의 가장 큰 부분을 차지하게 된다.

그렇다면 저 위에서 제시한 것들보다는 더 나은 해결책들을 떠올릴 수 있을 것이다. 즉, 부동산 가격을 안정화시키기 위한 대책과 사교육비 문제를 해결하기 위한 교육 정책들 말이다. 그렇게 조금이라도 더 깊은 사유를 통해 도출된 해결책을 찾을수록 높은 점수를 받을 수 있다.

열심히 하는 것보다 시험에서 묻고자 하는 바를 제대로 이해하는 것이 우선이라고 앞에서 조언한 적이 있다. 그렇다면 해결책과 대안을 제시하라는 논제를 내는 이유는 무엇일까? 시험이라는 형식을 통해 현실의 문제를 해결하기 위한 아이디어를 수집하기 위해서일까? 물론 그럴 리 없다. 여러분이 제출한 논술답안이 국가 정책으로 뽑힐 가능성은 거의 없다. 그렇다면 무엇일까? 문제를 파악하고 해결하는 능력, 그래서 문제점이 있으면 그 원인을 찾고, 그로부터 대안을 찾아내는 '문제해결능력'을 확인하고자 하는 것이다. 꼭 논술시험 때문이 아니라도, 해결책과 대안을 얻으려면 원인을 먼저 찾아보는 사고과정을 거쳐야 한다. 그래야 문제 자체를 보는 통찰력, 그리고 그 문제에 대한 진지한 태도를 증명할 수 있다.

그럼, 조금 더 발전시켜보자.

다음 제시문들을 참고하여 우리 사회의 문제점을 도출하고 해결책을 제시하라.

최근 불법 성형과 성형중독으로 인한 문제들이 심심치 않게 등장하고 있는 가운데, 우리나라에서 외모와 관련된 산업(화장품, 성형, 다이어트 등)의 규모가 10조 원을 넘어섰다는 분석이 나왔다. 물론 이것은 국민 중 75%가 '외모가 인생의 성공에 큰 영향을 미친다'고 생각하는 것과 무관하지 않다. 특히 면접시험의 결과와의 연관성이 있다는 응답은 94%에 이른다는 여론조사의 결과도 이와 관련이 있다.

흔히 외모지상주의라고 부르는 현상에 관한 문제다. 먼저 문제점을 정리해보면, 많은 비용과 부작용 정도가 되겠다. 그렇다면 원인은? '미에 대한 근원적인 욕망'이라고 하면 될까? 물론 틀린 말은 아니다. 하지만 그렇게만 생각하면 이 문제는 미궁에 빠진다. 미에 대한 욕망이 자연적인 것이라면, 그것을 가로막을 방법은 없다. 자연적이고 본능적인 욕망을 어떻게 인간의 힘으로 막을 수 있다는 말인가? 더구나 비용과 부작용 문제는 미용산업 소비자들의 '비합리적인 선택' 때문인데, 소비자 스스로가 제어하지 않으면 안 되는 일이 된다.

하지만 생각을 조금 달리 해보면 문제는 달라진다. 과연 '비용과 부작용'이 문제의 전부이며, '아름다워지고 싶은 욕망'이 원인의 전부인가? 그보다는 사회적 차별의 문제, 그리고 차별받지 않고 더 가치 있는 인간으로 인정받고 싶은 욕망의 문제가 더 실질적이고 구체적인 지적이 아닐까? 그래서 윌리엄 새파이어(William Saphire)라는 미국의 칼럼니스트는 '루키즘(lookism)'이라는 말을 만들어내기도 했다. 오늘날 '외모(look)'가 하나의 '사회적 신념(-ism)'으로 굳어져 인종이나 학벌과 유사하게 사회적 차별의 원인으로 작용하고 있다는 것이다.

그렇게 문제점과 원인을 새롭게 정립한다면, 외모를 매개로 한 차별을 억제하기 위한 방안, 혹은 인간의 몸마저 하나의 가치로 통용될 만큼 상품논리가 지배하는 사회에 대한 비판의식을 드러내는 방식의 글이 좋은 점수를 받을 수 있다.

정리해보자. 논술문제의 1/3 정도는 해결책과 대안을 묻는다. 하지만 그런 걸 묻는 이유는 '좋은 아이디어'를 얻기 위해서, 혹은 '기발한 아이디어를 가진 학생을 선발하기 위해서'가 아니다. 현상으로 드러난 문제의 양상과 그 원인을 깊은 통찰력과 다각적인 분석력으로 성찰할 수 있는지 묻는 것이다. 그래서 먼저 문제점과 원인을 분석해보고, 그것과의 논리적 연관성 속에서 해결책을 찾아봐야 한다. 물론 그것이 정말 실효성 있을 것인지, 자신의 입장에서 검증해보면 더 좋다.

10   주관의 함정에 빠지지 마라

이번에 다룰 주제는 '주관의 객관화'다. 좀 낯선 이야기일 수도 있는데, 논술문이라는 글의 속성을 이해하고 그에 맞는 문장을 구사해야 한다는 점을 살펴볼 것이다.

먼저 어느 학생의 글을 보면서 이야기해보자.

1. 나는 우리나라의 경제정책이 성장보다는 분배에 맞추어져야 한다고 생각한다. 1인당 국민소득 같은 객관적 지표에서 높은 순위를 기록하는 것보다는, 돈 때문에 비참한 상황을 감수해야 하는 사람이 더 적은 사회가 행복한 사회라고 믿기 때문이다. 따라서 복지제도는 보다 확충되어야 하고, 그것을 위해 세율이 올라가는 것은 공동체적인 연대의식과 자신이 가진 경제적 부의 사회적 책임을 생각해 마땅히 감수되어야 한다.

2. 분배론자들은 정의로운 분배가 이루어져야만 생산 활동도 활기를 띨 수 있으며, 성장도 가능해진다고 말한다. 하지만 성장론자들은 '파이'가 커져야, 즉 전체의 몫이 커져야 각자가 분배받는 몫도 커진다고 주장한다.

그 두 가지 주장은 모두 일리가 있다. 적절한 분배가 노동의욕을 자극해 생산성을 높일 수 있고, 노사는 전체의 몫이 커져야 함께 번영할 수 있는 동반자 관계이기 때문이다. 따라서 파이를 키우는 '성장'을 저해하지 않는 선에서 적절한 분배를 하는 구체적인 방안에 대해 원만한 합의를 이루는 것이 중요하다.

좋은 글이냐 나쁜 글이냐를 따지자는 것이 아니다. 이것이 '논술문으로서 적합한 글인가' 하는 문제다. 결론부터 말하자면 둘 다 논술문으로서는 적절하지 않은 형태를 가지고 있다. 1번은 주관적이기 때문이고, 반대로 2번은 주관이 결여되어 있기 때문이다. 바꾸어 말하자면, 1번 글에는 글쓴이의 주장은 드러나지만 읽는 이들이 그 주장을 받아들여야 할 이유를 제시하지 않고 있다. 2번 글은 '분배론자'와 '성장론자'들의 주장을 소개만 할 뿐 글쓴이의 생각이 전혀 드러나지 않고 있다는 것이다.

누군가 자신의 생각, 느낌, 감상, 믿음 등에 대해 이야기한다면 듣는 이들은 그것에 공감하거나 동의할 수도 있고 반감을 가지거나 반대할 수도 있다. 물론 생각은 다르지만 그런 생각을 가지고 있다는 사실 자체만은 존중해줄 수도 있다. 하지만 왜, 어떻게 그런 생각, 느낌, 감상, 믿음을 가지게 됐는지를 분명히 밝히지 못한다면 그것에 대해 검증하거나 평가하거나 그것에 대해 논증할 수는 없게 된다. 물론 그것을 근거로 삼아 또 다른 생각을 전개하는 것도 곤란해진다. 그리고 반대로 여러 가지 논거들을 논리적으로 조합해서 제시했다고 해도 글쓴이의 생각이 없으면 검증하고 평가하는 것이 애초에 불가능해진다.

논술시험은 응시생이 어떤 가치관을 가지고 있는지를 확인하기 위한 시험이 아니다. 수험생이 논리적으로 이해하고 사고하고 표현할 줄 아는지를 검증하는 시험이다. 따라서 글쓴이가 어떤 생각을 가지고 있으며, 왜, 어떻게 그런 생각에 이르게 됐는지를 객관적으로 보여주는 글이 바로 논술문이다.

과연 어떤 형식과 형태가 논술문다운 것인지, 조금 더 생각해보자.

우리는 다양한 종류(장르)의 글들을 객관적인 글과 주관적인 글로 분류해볼 수 있다. 객관적인 글에는 우선 설명문이 포함될 테고, 주관적인 글로는 수필, 시, 소설 등을 꼽을 수 있을 것이다.

'주관(主觀)'은 '주체, 즉 자신의 관점'을 뜻한다. 어떤 사물이나 사태가 자신에게 가지는 의미를 말한다. 남들에게는 그저 낡고 작은 곰인형에 불과하겠지만 나에게는 아주 어릴 적부터 함께 잠들어온 오랜 친구나 형제 같은 존재로 느껴진다면, 그 친근하고 소중한 느낌은 온전히 주관적인 것이다. 반대로 '객관(客觀)'이란 말은 '다른 사람의 관점'을 뜻한다. 즉, 이해관계 등의 당사자가 아닌 '제 3자'가 보는 관점을 말한다. 예컨대 어떤 학생이 편의점에서 아르바이트를 해서 첫 월급을 받았다면, 그것은 그 학생에게는 한 달 내내 잠과 싸우고 취객과 실랑이를 벌여가며 동전 몇 개라도 차이가 나지 않도록 신경을 곤두세웠던 한 달 간의 힘든 시간을 의미할 것이고, 또 얼마라도 등록금에 보태 흐뭇해하실 부모님의 얼굴을 의미할 수도 있다. 그래서 그것은 그 학생이 평생 써왔던 다른 어떤 돈과도 비교할 수 없는 소중한 것일 수도 있다. 하지만 그 학생을 모르는 다른 사람에게 그것은 그저 몇 십 만 원의 돈을 의미할 뿐이다. 즉, 그 돈의 주관적인 의미는 '고생, 보람, 효도' 따위가 되겠지만 객관적 의미는 '00만 원'이 되는 것이다.

시나 소설, 수필 같은 글들은 주관적이다. 그래서 남들에게는 별 의미가 없는 대상에서 특별한 의미를 끌어내곤 하며, 서술도 그저 '나는 이렇게 느낀다'고 던질 뿐이지 굳이 왜 그렇게 느끼는지, 독자들도 그렇게 느껴야 하는 이유는 뭔지 미주알고주알 설명하지 않는다. 독자들도 그 느낌에 공감하거나 말거나 할 뿐이지, 굳이 그것이 맞고 틀리고를 평가하거나 논쟁하려고 하지 않는다.

하지만 설명문은 그렇게 해당 대상과 아무 관계도 없는 사람들 누가 보더라도 동의하고 인정할 수 있는 '객관적인 의미'만을 엮어서 그 대상을 설명하는 글이다. 예컨대 제주도라는 섬에 대해 설명하는 글이라면, 그 섬의 면적, 인구, 위치, 식생 등을 통해 접근해야지 '내게 인생을 가르쳐준 곳' 같은 주관적인 의미들로 엮지는 않는다. 설명문에는 필자의 생각 자체가 들어가지 않는다. 예컨대 자동차 엔진의 작동 과정을 설명하는 글에 '나는 특히 연료가 흡입되는 과정이 매력적이다'라는 식의 감상을 넣지는 않는다.

그렇다면 논술문은 어느 쪽일까? 어느 쪽도 아니다. 논술문은 '주관을 객관화하는 글'이기 때문이다.

논술문의 생명은 주장이다. 즉, 필자의 생각이다. 주어진 주제에 대해 어떻게 판단하는지, 어떤 해결책이 필요하다고 생각하는지 등의 결론이 요구된다. 하지만 그 생각을 담되, 동시에 그저 '나는 이렇게 생각한다'고 밝히고 끝이 나는 글은 아니다. 그 주장의 정당성을 입증하고 그것을 통해 독자들을 설득하면서 궁극적으로 모든 사람이 그렇게 생각하게끔 이끄는 글이 논술문이다. 말하자면 자신의 주관적인 판단과 생각을 그냥 던지는 것이 아니라, 그렇게 판단하고 생각하게 된 이유와 과정을 설명함으로써 객관적인 평가의 대상으로 만드는 글이다.

그렇게 '자신의 주관을 객관화'하다 보니, 독자들이 가질 수 있는 반응도 둘 중 하나가 된다. 필자의 생각에 동의해 설득 당하거나, 아니면 그 객관화 과정의 논리적 오류를 발견하고 비판하거나 또 다른 객관적 근거를 들이대며 반박하는 것이다. 쉽게 말해 '설득을 목적으로 하지만 동시에 반박도 가능한 글'이 논술문이다. (특히 논술시험에서는 점수를 주거나 혹은 깎게 하는 것이 목적이 된다)

2강에서 논술시험은 소통가능한 사람을 가려내는 데 목적이 있고, 그것은 학문이라는 대학 본연의 임무에서 비롯된다고 말한 적이 있다. 바로 그런 학문, 혹은 과학이라는 것의 속성을 그대로 보여주는 것이 논술문이기도 하다. 과학의 특징은 '반증 가능한 것. 그러니까 검증을 통해 반박할 수 있는 것'이라고도 할 수 있는데, 논술문이 바로 그것을 가능하게 하는 글의 형식이기 때문이다.

예컨대 '신의 존재'는 과학, 혹은 논술문의 대상이 아니다. 입증이나 반증이 불가능하기 때문이다. 그것은 그냥 믿거나 말거나의 문제일 뿐이다. 또한 '가을이 좋다'거나 '소녀시대가 원더걸스보다 낫다'는 것도 마찬가지다. 그것은 모두 그냥 각자 가질 수 있는 취향과 마음의 문제다.

하지만 우리 경제성장의 발목을 잡고 있는 핵심 원인이 무엇인지, 인터넷과 정보화가 민주주의적인 의사 결정에 긍정적인 영향을 미치는지 아니면 부정적인 영향을 미치는지, 혹은 청소년 자살의 원인과 해결책은 무엇인지 같은 문제들은 각자의 주관에 따라 다른 초점으로 인식될 수는 있지만 객관적 논박과 입증 반증 과정을 통해 토론되고 좁혀질 수 있다. 즉, 과학적 탐구의 대상이 될 수 있으며, 논술문의 주제가 될 수 있는 것들이다.

이러한 논술문의 속성을 이해한다면, 그런 속성을 구현하기에 적절한 형태의 문장과 그렇지 않은 형태의 문장들이 있다는 것을 이해할 수 있다. 몇 가지 예를 들어보자.

- "나는 생각한다" / "~라고 본다"
- "~한 것 같다" / "~일지도 모른다"
- "적절한 / 원만한 / 현명한"

우선 '나는'이라는 말의 위험성에 대해 생각해볼 필요가 있다. 앞에서도 설명했듯 논술문의 핵심은 필자 자신의 생각이며, 어떤 논제는 '자신의 생각을 논술하라'는 요구를 하기도 한다. 하지만 그런 경우에도 대개는 자신의 입장만 밝히라는 것이 아니라 그 입장을 논증하라는 요구가 포함되어 있다. 그래서 '나는'이라는 말 자체가 틀린 것은 아니지만, 위험한 측면을 가지고 있다. '나는'으로 시작하는 문장은 자신만의 생각과 느낌을 표현하기 쉬우며, 그 뒤에서 그것을 객관적으로 입증하는 과정을 생략하면 그대로 주관적이기만 한 문장이 되어버리기 때문이다. 하지만 똑같은 문장도 '나는'을 지우고 보면 보다 일반적인 서술로 채워야 한다는 느낌을 가지게 된다.

'생각한다', 혹은 '본다'는 표현도 마찬가지다. 생각한다거나 본다는 것은 굳이 입증이나 반증 없이도 성립할 수 있는 표현이다. 따라서 종종 그 뒤의 꼼꼼한 입증 과정을 스스로도 잊게 만들며, 그렇게 될 경우에는 결국 아무 이야기도 하지 않은 것과 같은 문장으로 소중한 지면을 채우게 된다.

'같다', '모른다' 같은 표현도 위험하다. 논술문은 질문이 아닌 답을 해주는 글이며, 필자도 정확히 모르거나 판단하지 못한 사실에 관해서는 글을 쓰지 말아야 한다. 그런데 스스로도 확신하지 못하는 사실에 대해 짐작을 나타내는 표현을 쓴다면, 역시 마찬가지로 아무 이야기도 하지 않은 것과 같다.

'적절한', '원만한', '현명한' 같은 표현도 문제가 있다. 그것은 무언가 객관적이고 실재적인 의미를 지시한다기보다는, 의미가 없거나 명확히 알지 못함을 숨기고 뭉뚱그릴 때 쓰는 표현들이다. 혹은 좋게 봐주더라도 '막연한 범위나 방향 정도를 설명할 뿐인' 글이다. 역시 분명한 내용과 논리를 바탕으로 설명하고 설득해야 하는 논술문의 성격에 어울리지 않는 표현들이다.

이번에는 같은 주제에 대한 다른 예문을 함께 보면서 비교해보자.

노사는 기업이 창출한 이윤을 배분하는 당사자로서 서로 상반된 이해관계를 가지고 있기도 하지만, 동시에 함께 이윤의 총량을 늘려가는 동반자이기도 하다. '갈등하며 서로 상처를 주는 것보다 이윤의 총량을 늘리는 것이 모두의 이익에 부합한다'는 성장론자들의 주장에 일리가 있는 것은 그 때문이다.
하지만 충분한 분배가 이루어지지 않았을 경우, 근로의욕이 저하되어 생산성이 떨어질 뿐 아니라, 가계소득이 낮아져 내수시장이 침체되고 결국 그것이 기업의 부담으로 이어지는 악순환이 초래될 수도 있다.
최근 10년간 노동소득분배율이 20% 가까이 떨어지면서 가계지출이 급락하고 있는 것은 그렇게 분배의 실패가 성장의 발목을 잡는 전형적인 사례를 보여주고 있다.
따라서 지금 더 시급한 것은 '파이를 키워갈' 여력을 비축하기 위한 분배의 확대다.

주장이 있고, 근거가 있다. 그리고 주장을 피력하되 '자신만의 생각'으로 머물게 하는 것이 아니라, 객관화함으로써 동의하거나 반박할 수 있도록 '토론의 장'으로 던지고 있다.

위의 글은 옳고 그르고, 혹은 설득력이 있고 없고를 떠나 분명한 주관과 객관화 과정을 담고 있다. 따라서 위의 글에 대해 어떤 이는 동의하거나 설득당할 것이고, 또 다른 이들은 최근 임금이 어떻게 상승해왔는지, 혹은 기업들의 수익성은 얼마나 악화되어왔는지, 혹은 내수시장 침체에 소득분배 실패가 아닌 다른 중요한 원인이 개입되지는 않았는지 등등의 자료를 찾아 반박할 수도 있다.

결국 논술문은 주관이 들어 있는 글이지만, 객관화시켜야 한다. 객관화시킨다는 것은 다른 사람들을 동의하게끔 '객관적인 것처럼 보이게' 한다는 뜻이기도 하고, 동시에 '또 다른 객관적인 자료나 논거를 통해 반박이 가능한' 것이라는 뜻이기도 하다. 그래서 주관적인 표현, 자신 없는 표현, 애매한 표현은 되도록 피해야 한다.

어떤 의미에서 '자신감 부족' 때문에 소극적인 자세로 글을 쓰다 보면 자신도 모르게 주관적 표현을 쓰기도 한다. 예컨대 말을 할 때도 습관적으로 '…… 같아요'를 반복하는 사람들이 있다. 그런 사람들은 분명히 알고 있는 사실, 확신을 가진 사안에 대해서도 '같아요'를 남발한다. 하지만 소극적으로 쓴다고 해서 채점자들이 겸손하다고 인정해서 가산점수를 주는 것은 아니다. 오히려 그런 습관 때문에 신뢰도와 설득력을 떨어뜨릴 뿐이다. 그래서 특히 논술시험에서는 자신감을 가지고 적극적으로 쓰려는 자세가 필요하다. 늘 그렇기도 하지만 특히 시험에 서라면 자신의 무지를 두루뭉술하게 감추는 것보다 과장과 숨김없이 드러내는 것이 더 유리한 법이다.

11 사회적 관점에서 해결책을 찾아라

논술시험이 묻고자 하는 바는 우리 모두에게 영향을 미치는 사회적 힘들에 관한 것이다. 좀 더 쉽게 말하면 '공동의 문제를 놓고, 우리 사회가 그것을 어떻게 다룰 것인가'를 묻는다. 또 다시 말하자면 '우리가 이러 저런 문제를 안고 있는데, 어떻게 해야 할까?'라는 형식의 질문이 던져진다는 것이다.

그런데 '내가 열심히 공부해서 높은 사람이 돼서 바꾸겠다'고 한다거나, '어차피 바뀌지 않으니까 놔두자'고 한다면 근본적으로 논점 일탈이 되고 만다. 전자는 사회적 문제에 대한 사회적 대안을 요구하는데 개인적 차원을 이야기한 셈이 되고, 후자는 문제 자체를 부정하는 것이기 때문이다.

좀 복잡하게 들릴 수도 있는데, 예문 한 편을 분석해보면 이해할 수 있을 것이다.

무엇보다도 젊은 부부들의 의식이 개선되어야 한다. 과거 우리의 부모들은 가족을 최우선의 가치로 두었기 때문에 가난에도 불구하고 많게는 열 명 이상이나 되는 자녀를 낳아 양육하고 교육하는 데 모든 것을 바쳐왔다. 하지만 오늘날에는 자신의 사회적 삶을 누리고 편리를 포기하지 않기 위해 자녀를 적게 낳는 것이 일반적인 추세가 되었으며, 아예 자녀를 낳지 않는 부부들도 늘고 있다. 이것은 개체로서 자신의 삶만을 우선시하는 파편화된 사고의 결과로서 가족, 민족, 크게는 인류 전체의 한 구성원으로서의 책임감을 도외시한 것이기 때문이다.

지난 9강에서 잠깐 다루었던 '출산율 저하에 대한 대책'을 묻는 문제에 대한 어느 학생의 답이다. 이 글이 가진 문제점은 무엇일까?

우선 문제의 원인을 '요즘 젊은 부부들의 잘못된 사고'에서 찾고, '의식 개선'을 해결책으로 내걸었다는 점이다. 이것이 왜 문제일까? 아이를 적게 낳을 수밖에 없는 '사회적 조건'에 대한 고려가 없다는 점은 넘어가더라도, '잘못된 사고'를 문제 삼는 방식이 가지는 한계 때문이다. 그렇게 잘못된 사고를 하는 것이 한두 명이 아니라 사회 구성원 모두가 느낄 만큼의 다수라면, 그런 '잘못된 사고' 자체가 사회적 현상이라고 봐야 한다. 그리고 사회적 현상에는 반드시 사회적 원인이 있다. 그런데 그것을 찾지 못하니까 '의식'의 문제로 국한시킨 채 '의식 개선'을 통해 해결하자고 하게 되는 것이다.

하지만 '의식 개선(전환, 개혁)'을 대안으로 내세워서 해결될 문제라면, 우리 사회에서 해결되지 않을 문제는 아무 것도 없게 된다. 성차별, 범죄율, 지역갈등, 이념갈등, 전쟁…… 그 어떤 사회악과 사회문제를 놓고 생각해도 '의식 개선'만 들이대면 해결되지 않을 것이 없다. 말하자면 사회문제에 관한 만능열쇠가 된다는 것이다.

현실에서 정작 '의식 개혁'을 통해 문제를 해결하려다 보면 또다시 만나게 되는 문제가 생긴다. 어떤 의식을 어떤 의식으로 바꿀 것인가? 또 어떤 방법으로 바꿀 것인가? 그래서 이런 구체적인 방향과 방법에 대한 설명을 덧붙일 수 없다면, 결국 '의식 개혁을 하자'는 주장은 아무 것도 하지 않은 것과 같다.

예문을 하나 더 분석해보자.

한국 기업들이 성장의 한계에 직면하고 있다고 한다. 세계적인 기술력을 가지고 있지만 미국의 MS나 애플과 같은 창의적인 발상이 부족하기 때문에, 부가가치를 높이고 세계시장을 선점하는 데 한계가 있기 때문이다. 그런 상황에서 임금이 상승하고 중국을 비롯한 BRICs 국가들이 추격해오면서 설자리를 점차 잃고 있는 것이다. 우리나라에 빌 게이츠나 스티브 잡스 같은 창의적인 인재가 나타나지 않고 있는 것은 그래서 안타까운 일이다. 미래사회에는 한 명의 천재가 수만 명의 대중을 이끌고 먹여 살린다고 한다. 이제 우리의 교육도 그런 천재를 길러낼 수 있는 엘리트 양성에 초점을 맞추는 방향전환을 검토할 때가 왔다.

빌 게이츠의 마이크로소프트(MS) 사나 스티브 잡스가 이끌었던 애플 사가 엄청난 부를 창출하고 있는 것은 누구나 아는 사실이다. 그런 기업들은 매출 자체도 엄청날 뿐 아니라 부가가치가 높고 환경오염도 거의 일으키지 않으며, 다른 산업에 미치는 파급효과도 크다. 그래서 개인적으로나 사회적으로나 긍정적인 영향을 미치고 있다. 하지만 그런 천재가 필요하다고 해서 천재를 길러내자는 것은 좀 엉뚱한 제안이다.

과연 천재가 길러질 수 있는 것인지는 논외로 하더라도, (빌 게이츠나 스티브 잡스도 길러진 천재는 아니다. 역사상 길러진 천재는 거의 없다.) '천재만 나타나면 해결된다'는 발상은 문제를 개인화한 것이기 때문이다. 그리고 그런 제안을 받아들인다고 해도 어차피 천재가 될 수 없는 우리 대부분 같은 이들이 할 수 있는 일은 거의 없다. 그저 우리나라에도 천재 하나쯤 점지해 달라고 기도를 올리는 방법, 혹은 어디에서 천재가 하나 나왔다고 한다면 대대적인 성원과 지원을 보내 우리 모두를 먹여살려 달라고 청하는 방법 정도가 있을지 모르겠다.

하지만 천재가 나타날 수 있었던 사회적 배경을 먼저 짚어보기로 한다면 이야기는 좀 달라진다. 빌 게이츠와 스티브 잡스가 나타날 수 있었던 미국의 사회문화적인 배경을 분석하고, 그렇지 못한 우리의 문제점을 찾아내 고치고 개선해가는 사회적 노력을 할 수 있는 것이다.

해외에서 인정받는 수많은 한국인들이 있다. 서양예술의 본고장 프랑스와 독일에서 서양음악의 최정상으로 인정받았던 윤이상과 정명훈이 있었고, 또한 무용과 스포츠에서 세계적으로 이름을 떨친 강수진과

하인즈 워드도 있었다. 그 외에도 종종 미국수능시험에서 한국계 3세들이 수석을 차지했다는 소식이 들려와 화제에 오르기도 한다. 그런데 그런 소식들이 과연 '역시 한민족이 우수하다'는 점을 입증하는 사례들일 뿐인가?

그렇게 생각하면 기분은 좋을 테지만, 그런 우수한 인재들이 조국인 한반도에서는 나오지 않고 외지의 이방에서만 등장하는 이유를 우리는 이해할 수 없게 된다. 물론 그 성공사례를 그들과 우리의 조국인 대한민국 사회로 이어오는 것도 불가능해진다. 하지만 '한국인, 즉 그들의 입장에서는 이방인들임에도 불구하고 최고가 될 수 있는 그 나라의 환경'이 무엇인지에 호기심을 가지고 분석을 시작한다면 이야기는 조금 달라질 수 있다. 즉, 화교나 조선족들, 혹은 방글라데시나 몽골에서 건너온 이주민이나 '코시안'(Kosian, 아시아 여러 나라에 살고 있는 한국계 사람들. 아시아 지역으로 해외 파병이나 파견근무를 나갔던 한국인 남성들이 현지의 여성들과 낳은 아이들이 대부분이다)들 중에서도 유망한 정치인과 경제인과 문화인들이 나올 수 있는 풍토를 만들어야 비로소 '해외동포들 중에서만 천재가 나오는' 미스터리를 풀 수 있게 된다는 것이다.

이번에는 기출논제를 함께 보면서 이야기해보자. 2008년 한양대학교 논술 모의고사 2번 논제다. ㉮, ㉯, ㉰ 제시문은 생략했다.

다음 ㉮, ㉯, ㉰에 내포된 공통의 문제를 추출하고, ㉱가 제기하고 있는 개념을 참고하여 이 문제의 원인을 분석한 후, ㉰의 문제를 해결할 수 있는 방안에 대하여 현재의 맥락에서 논술하시오.

㉮, ㉯, ㉰ : 인간의 이기심에서 비롯되는 갈등과 비극들

㉱ 우리에게는 단순한 눈앞의 이기적 이익보다 오히려 장기적인 이기적 이익을 선택할 정도의 지적 능력은 있다. 우리에게는 우리를 낳아 준 이기적 유전자에 반항하거나 더 필요하다면 우리를 교화시킨 이기적 밈(meme : 문화 전달의 단위)에게도 반항할 힘이 있다. 순수하고 사욕이 없는 이타주의라는 것은 자연계에는 안주할 여지가 없고 세계의 전 역사를 통해 과거에 존재한 적도 없다. 그러나 우리는 그것을 의식적으로 육성하고 교육하는 방법도 의논할 수 있다. 우리는 유전자 기계로서 조립되어 있고 밈 기계로서 교화되어 있다. 그러나 우리에게는 이들의 창조자에게 대항할 힘이 있다. 이 지구에서는 우리 인간만이 유일하게 이기적인 자기 복제자들의 전제에 반항할 수 있다.

요리후지 가츠히로라는 일본 사람이 쓴《현명한 이기주의》라는 책
이 있다. 리처드 도킨스가 쓴《이기적 유전자》의 해설서라고도 볼 수 있
는데, '자신의 이익을 극대화한다'는 이기주의의 본질적인 의미를 되새
겨보는 책이다. 그 책에 등장하는 흥미로운 내용을 한 토막 소개해볼까
한다.

어떤 특이한 가상의 새가 있다. 이 새는 오랜 시간 동안 이(치아)를
청소하지 않으면 죽음에 이르게 된다. 하지만 스스로 이를 청소할 수
는 없기 때문에 다른 새의 도움을 받아야 한다. 마치 악어새가 악어의
이를 청소해주듯, 서로의 이를 청소해줘야만 살아갈 수 있는 것이다. 이
런 가상의 새들을 성격별로 세 가지로 나눌 수 있는데, 이기파와 이타
파와 정의파가 그들이다. 즉, 다른 새를 만났을 때 '이기파(利己派)'는 '먼
저 자기 이를 청소해달라고 요구한 뒤, 자신은 보답을 하지 않고 도망가
는' 특징을 가지고 있다. 그리고 '이타파(利他派)'는 '먼저 상대방의 이를
청소해준 다음 입을 벌리지만, 상대가 그냥 도망을 쳐버린다면 어쩔 수
없다고 포기하는' 특징을 가진다. 마지막으로 '정의파(正義派)'는 '먼저
청소를 받았다면 반드시 보답을 한다. 하지만 먼저 청소를 받은 상대방
이 달아난다면 끝까지 따라가 보답을 받아 내거나 아니면 응징하는' 특
징을 가지고 있다. 이렇게 세 종류의 새를 각각 500마리 쯤 프로그램을
통해 만들어낸 다음 시뮬레이션 실험을 했다. 수천 년의 세월이 흐른
뒤 어떤 종류의 새가 가장 많이 살아남아서 번성하고 있을까?

흔히 이 실험에 대해 '이기파가 가장 크게 번성할 것'이라고 쉽게 생

각하게 된다. 하지만 정작 결과를 보면 가장 번성했던 것은 정의파였으며, 이기파는 오히려 가장 적은 수만이 겨우 연명하는 정도였다. 왜 그랬을까? 아래 표를 보면 쉽게 이해할 수 있다.

정의파와 이타파는 정의파와 이타파, 즉 전체 새들 중 2/3과 만났을 때 서로 혜택을 나눌 수 있었던 데 반해 이기파는 오직 이타파, 즉 1/3과 만났을 때만 이익을 얻을 수 있었기 때문이다. 게다가 혹시 더 영악한 다른 이기파를 만나서 당하거나, 정의파를 만나서 응징을 당할 수도 있기 때문에 관계에서 이익을 챙길 기회는 더 적어진다.

이 실험을 통해 요리후지 가츠히로가 이야기하고 있는 것은, 자신의 이익만을 절대시하고 다른 이의 이익을 무시하는 것이 아니라 주고받음을 확실히 하는 것이 정말 현명한 이기주의라는 점이다. 그리고 바로 그런 '현명한 이기주의'의 태도가 오랜 역사를 거쳐 온 인간에게도 유전자로 전승되고 있다는 설명이 이어진다.

즉, 적절히 베푸는 것은 이타심이 아니라 근본적으로 이기적인 동기에서 비롯된다. 남을 위한 것이 아니라 자신을 위한 행동이다. 예컨대,

	이익	손실	득실
이기파	이타파	이기파/정의파	−1
이타파	이타파/정의파	이기파	+1
정의파	이타파/정의파		+2

*이기파 : 받기만 하고 베풀지 않음, 이타파 : 받지 못하더라도 베풂,
 정의파 : 정확히 베풀고 정확히 받아냄

교통신호를 지키는 것은 이타심이 아니라 이기심이다. 선진국이 사회복지를 확충하는 것도 이타심이 아닌 이기심이다. 교통신호를 지킬수록 더 빨리 목적지에 도착할 수 있고, 사회복지 확충을 위해 세금을 내야 공황 같은 시스템 붕괴를 피하고 경제-사회가 안정될 수 있다.

앞의 논제로 돌아가 보자. 사람들의 이기적인 태도 때문에 여러 가지 사회갈등들이 초래된다. 하지만 인간에게 '이기적 본능을 버리라'고 호소하는 것은 무의미하다. 이기적인 사고와 행위는 본능이기 때문이다. 하지만 '그것이 장기적으로 더 이익이 될 것임'을 교육하는 것은 가능하다. 그것이 바로 제시문 ㉑의 요지이며 논제가 요구하는 글쓰기의 방향이다.

논술시험은 누구나 응시할 수 있는 시험이다. 따라서 논술문제와 논술문은 일반적인 독자를 대상으로, 일반적인 주제를 다룬다. 당연히 일반적인 독자를 설득하기 위한 논거들도 일반적이어야 한다. 특정한 사람의 특수한 잘못으로 몰아가거나, 특정한 사람이 특정한 마음을 먹으면 해결된다거나 하는 식으로 개인화해서는 곤란하다. 모든 문제를 우리 사회의 문제로 받아들이고, 사회적 관점에서 정리해야 한다.

03

문제 유형별 해법 찾기

12 비판-문제해결형 논제 풀이

이번에는 논제의 유형을 몇 가지로 분류해서 각각의 해법을 찾아보도록 하자. 우선 이번 장에서 살펴볼 것은 '비판형' 혹은 '문제해결형'이라고 부르는 유형의 논제다. 즉, 어떤 문제적인 현상을 제시하고 그것의 문제점을 찾고 그 해결책을 제시하도록 하는 논제들을 말한다.

간단한 논제 하나 살펴보면서 생각해보자.

*2002년 광주교대 정시 기출논제 변형

제시문에서 필자가 주장하는 바를 중심으로 우리가 자본주의 사회에서 어떻게 살아가야 하는지를 논술하시오.

그 유명한 모스크바 지하철에서는 젊은이들이 노인을 깍듯이 예우합니다. 노인이 타면 얼른 일어나 자리를 안내하고 노인들도 그것을 당연하게 받아들입니다. 어쩌다 미처 노인을 발견하지 못하고 있다가는 그 자리에서 꾸중을 듣는다고 합니다. 의아해하는 내가 들은 답은 의외로 간단한 것이었어요.

"이 지하철을 저 노인들이 만들지 않았습니까?"

그래서 한국에 돌아와서 한 젊은이에게 물어봤죠. 이 지하철을 만든 이가 바로 저 노인들인데 왜 비키지를 않느냐고요. 그들의 답변 또한 의외로 간단한 것이었습니다.

"자기가 월급 받으려고 만들었지 우리를 위해 만든 건 아니잖아요."

도대체 이런 차이는 어디서 오는 걸까요.

(중략)

저는 우리 사회에 사람들 간의 관계라는 것 자체가 없다고 봐요. 아주 절망적인 현실입니다. 사회라는 것은 그 뼈대가 인간관계입니다. 그 인간관계의 지속성이 사회를 만드는 것이지요. 그 수준이 사회의 질을 결정한다고 봅니다. 침몰하는 타이타닉 호에서는 사회가 구성될 수 없잖아요. 지속성이 있어야 부끄러움이 있는 것입니다. 지속성이 전제될 때 삼갈 줄도 알게 되고 부정과 부패에 대해서도 부정부패 이후를 생각하게 되는 것이지요. 이러한 인간관계와 그 지속성을 기대할 수 없는 상황에서는 어떠한 사회적 가치도 세울 수 없다고 생각합니다.

제가 농담 삼아 하는 얘기지만 감옥에 오래 있었기 때문에 사람 보는 눈이 있다고 자부합니다. 죄명을 알아맞히는 일에서부터 그 사람의 성깔에 이르기까지 사람을 보고 대강 알게 되거든요. 그런 '능력'을 자주 사용하는 데가 지하철이에요. 저는 꼭 앉아야겠다고 마음먹으면 반드시 앉을 수 있어요. 누가 어디서 내릴 것인지 정확히 짚어낼 수 있거든요. 거짓말 같지요?

저는 대체로 앉으려고 하지는 않습니다만 그 날은 몹시 피곤하고 2시간 강의를 앞두고 있어서 전철에서 잠시 눈을 붙여야겠다고 생각하고 신도림 역에서 내릴 사람을 골라 그 앞에 섰습니다. 정확하게 신도림 역에서 그 사람이 일어나더군요. 그래서 앉으려는데 문제가 생겼어요. 그 옆에 있던 젊은 여자가 재빨리 그 자리로 옮겨 앉고 자기 자리에는 자기 앞에 서 있던 친구를 끌어다 앉히는 거였어요. 거기까지는 저도 정말 몰랐던 거지요. 확실한 연고권을 주변에 선언해 두었던 나로서는 참으로 난감한 일이 아닐 수 없었지요.

왜 이런 '사태'가 일어나는가. 결론은 분명합니다. 그 여성과 저 사이에 아무 관계도 없기 때문이에요. 다시 만날 일이 없으니 얼마든지 그럴 수 있는 거지요. 지하철이라는 공간은 사회를 구성하기에는 그 지속성이 너무 짧아요.

춘추전국시대의 제나라 선왕이 제물로 끌려가는 소를 보고는 그걸 제물로 쓰지 말고 양을 쓰라고 신하들에게 명했답니다. 사람들은 큰 것을 작은 것으로 바꾸라 했다며 인색한 왕이라는 비난을 했습니다. 하지만 맹자는 달랐어요. "소를 양으로 바꾼 건, 소는 봤으나 양은 못 봤기 때문이다. 벌벌 떨면서 사지로 끌려가는 모습을 직접 보고 소가 죽는 걸 차마 참을 수 없었기 때문이었다"
는 것이었어요.

바로 이 참지 못하는 마음, 다른 사람의 아픔을 참지 못하는
'불인인지심(不忍人之心)'이야말로 사회의 가장 중요한 속성입니다.
이것이 없는 사회에서는 '차마 못할 짓'이 얼마든지 자행될 수 있
는 것이지요. 얼굴 없는 생산과 얼굴 없는 소비, 상품교환관계가
인간관계의 기본인 사회가 곧 자본주의 사회입니다. 그리고 자본
주의 사회의 온갖 비극의 원인은 바로 인간관계가 황폐해지는 데
서 비롯되는 것이라 생각합니다.

이 논제에서 묻고 있는 것은 '우리가 자본주의 사회에서 어떻게 살
아가야 하는가'이다. 아주 애매하고 어렴풋하다. 하지만 제시문을 읽어
보면 무언가 우리 사회가 안고 있는 문제점을 지적하고 있고, 그 원인도
짚고 있다. 그것을 정확히 읽어내서 구체적인 언어로 표현하는 것이 첫
번째 요구사항이고, 그것으로부터 해결책을 추론하는 것이 두 번째 요
구사항이라고 할 수 있다.

우선 이 글에서 찾을 수 있는 우리 사회의 문제점은 사람들이 '서로
못할 짓을 많이 한다'는 것이다. 지하철에서 노인에게 양보하지 않고, 또
마땅히 그 자리에 앉아야 할 사람의 차례를 빼앗아 새치기를 하기도
한다. 하지만 우리는 그것으로부터 추론해서 '사회적 문제'를 찾아야 한

다. 즉, 이런 일이 이어지고 확장되면 어떤 커다란 문제로 비화할 수 있을까? 바로 서로를 생각하지 않고 배려하지 않음으로 인해 발생할 수 있는 극심한 갈등과 그로 인해 소모되는 사회적 비용들에 대해 우선 생각해볼 수 있다. 그리고 그렇게 격화된 갈등은 힘이 있고 없음에 의해 판가름 나게 될 것이고, 당연히 힘없는 이들이 억울하게 밀려나고 소외되는 '불공정'의 문제로 확대될 것이라는 추론도 가능하다.

그 원인을 위의 제시문에서는 '인간관계의 황폐화'로 짚고 있다. 사람들 사이의 관계를 돈이 대신 하는 자본주의의 논리 때문에 사람들이 서로를 인식하고 배려하는 관계가 끊어지고 말았다는 것이다. 그것이 구체적으로 가리키는 것은 무엇일까? 값을 지불하고 재화를 주고받는 것으로써 다른 사람과의 관계를 완결하는 태도. 그래서 물건을 파는 사람은 당장 소비자로부터 돈을 받기 위해 눈에 보이는 부분에만 주의를 기울일 뿐, 그것이 장기적이고 궁극적으로 소비자의 건강을 해치거나 정서를 망가뜨릴지도 모른다는 사실 같은 데는 신경을 쓰지 않는 것. 그리고 물건을 사는 사람은 돈을 지불한 뒤에는 더 이상 그 물건을 만든 사람의 노고와 정성을 생각하거나 그 수고에 감사하는 마음을 가지지 않는 것. 이렇게 서로를 이해타산의 관계로 대하며 '돈'과 '물건'으로만 생각할 뿐, 자신과 같은 사람으로 인식하고 공감하지 못하는 현상을 말한다고 할 수 있다.

그렇다면 '갈등의 격화와 그로 인한 소외, 불공정 같은 사회적 문제점들을 치유하기 위해 이해타산적인 관계를 지양하고 인간적인 관계를 복원해야 한다'는 전제를 세울 수 있다. 그리고 그것을 실행하기 위한 구체적인 방안들을 생각해보면 될 것이다. 예컨대 끊임없는 이주를 전제로 한 주거단지 재개발 대신 다양한 종류의 사람들이 꾸준히 거주하고 관계 맺을 수 있는 공동체 복원을 위한 점진적인 도시개발계획이 하나의 대안이 될 수 있다. 혹은 (특히 교대에서 출제한 논제라는 점까지 감안하면) 사회적 분업 질서는 다양한 종류의 사람들이 서로를 위해 일하고 서로에게 의지하는 관계이며, 서로에게 감사해야 하는 구조임을 적극적으로 교육해야 한다는 등의 대안을 제시할 수도 있다.

'비판하라'거나 '해결책을 제시하라'는 논제가 학생들에게 요구하는 것은 '날카롭게 상대방을 공박하는 말싸움 능력' 같은 것이 아니다. 그보다는 사회현상의 문제점에 대해 진지하게 성찰하고, 그 원인을 깊이 있게 분석함으로써 사회현상에 대한 비판적인 안목을 가지고 있는가를 확인하고자 하는 것이다. 그리고 발견한 문제점과 그것을 낳은 원인, 그 원인을 제거하거나 수정할 수 있는 대안이 맺고 있는 논리적 연결 관계를 정확히 이해하고 설정할 수 있는지 묻는 것이다.

한 가지 더 생각해보자. 다음은 몇 해 전 어느 신문에 보도되었던 기사다.

교육부가 ○○대 김 모 전 입학처장이 지난해 아들의 수시전형에 간여한 사실을 적발해 학교 측에 징계를 요구한 사실이 뒤늦게 밝혀졌다. 또 김 전 처장의 아들에게는 사상 처음으로 재시험을 치르도록 조치했다.

조사 결과 김 전 처장은 현직 입학처장 신분으로 아들(서울 ㅅ고 3년)이 응시한 ○○대 수시 1학기 전형에서 만점의 30%를 차지한 영어논술시험 출제위원 선정에 직접 간여했다. 그의 아들은 시험에서 경제학과 지원자 14명 가운데 학생부 성적이 꼴찌이면서도 유일하게 만점을 받고 합격했다. 김 전 처장은 당시 조사에서 "아들이 3살부터 8살 때까지 미국에서 살았으며 영어혼합형 논술준비를 위해 7~8개월 동안 맞춤식 과외를 했을 뿐"이라고 해명했다.

어느 대학 입학처장이 자신의 아들을 위해 입시부정을 저질렀다는 내용이다. 이런 사건이 터진다면, 어떤 조치를 취하는 것이 가장 타당할까? 아마 다음과 같은 것들이 얼른 제기되는 내용들일 것이다.

- 관련자들에 대한 엄중한 처벌
- 입시관리 시스템에 대한 재점검 및 정비
- 개별 대학들의 입시 운영에 대한 정부의 감시와 관리 강화

입시부정은 같은 시험을 위해 오로지 실력을 키우는 데만 전력해 온 다른 수많은 수험생들을 허탈하게 만드는 일이며, 앞으로 그 시험을 치러야 할 수많은 수험생들의 의지에 찬물을 끼얹는 일이다. 그리고 그 시험의 권위를 떨어뜨려 궁극적으로 입시제도와 사회질서에 대한

신뢰를 갉아먹어 혼란을 초래하는 원인이 될 수도 있다. 따라서 그런 일이 반복되지 않도록 철저한 대책을 세우는 것은 꼭 필요한 일이며 당연한 일이다.

하지만 조금 더 생각을 깊고 넓게 해보면, 또 다른 내용이 전개될 수도 있다. 예컨대 이런 글이다.

우리나라에서는 주기적으로 대규모 입시부정 사건들이 터져왔다. 시험장에서 직접 수험생들에 의해 저질러지는 부정행위도 있지만, 대학 재단과 교직원들의 협조 아래 권력과 돈의 힘으로 경쟁을 피해나가는 이들도 있다.

물론 각 학교와 정부는 해마다 새로운 부정방지 대책을 내놓고 있다. 시험장에 전자 장비를 지참하고 들어갈 수 없도록 하고 필기구를 일괄적으로 나누어주는가 하면, 수능시험의 출제 과정부터 대학별 고사가 치러지는 과정 전반에 대한 교육부의 관리와 감독이 강화되기도 한다.

하지만 대학입시부정이 근절되거나 현저히 감소하고 있다고 믿는 이들은 없다. 적발되어 드러나는 경우가 있고 없음의 차이일 뿐, 좀 더 세밀해지고 세련되어지는 방식으로 유지되거나 혹은 더 확대되고 있다고 생각하는 이들이 오히려 더 많다.

대학을 나왔는지 아닌지, 그리고 어느 대학을 나왔는지가 최소한 그 사람이 오랜 시간 쌓은 실력과 경험보다는 덜 중요하게 다루어지지 않는 한 이런 문제는 반복될 수밖에 없다. 학력에 따른 차별을 철폐하고 대학의 벽을 낮추지 못하는 한 이런 문제에 대한 근본적인 해결은 어렵다.

열 사람이 한 도둑을 막지 못한다는 말이 있다. 시험과정에 대한 감시와 통제가 아무리 강화된다 해도 입시부정이 줄어들지는 않을 것이다. 우리나라에서 대학입학시험이 한 사람의 인생과 한 가정의 운명을 좌우하는 거대한 영향력을 가지는 한, 어떤 비용과 위험부담을 감수하고라도 감행해볼 만한 가치가 충분한 도박임에는 변함이 없을 것이기 때문이다.

'반복되는 입시부정'이라는 문제적 현상의 원인이 '시험과정의 허술함', 혹은 '부정행위를 저지르는 이들의 낮은 윤리의식'이 아니라 '우리 사회에서 대학이 가지는 의미의 비대함'이라고 보았기 때문에 철저한 시험관리 대신 학력차별 철폐와 대학의 벽 낮추기를 제안하고 있는 글이다. 이렇게 문제점과 원인을 조금 더 심층적이고 다양한 측면에서 찾아본다면, 조금 더 창의적인 글을 쓸 수 있는 가능성도 열릴 것이다.

물론 실제 논제에서 이렇게 제시문의 틀마저 뛰어넘는 파격적인 답을 하게 될 경우는 흔치 않다. 최근에는 점점 더 논술시험에서 객관적인 채점이 가능한 '짜여진 질문'을 하는 경우가 늘고 있기 때문이다.

하지만 문제점과 원인, 해결책이 동일한 논리구조 안에서 인과관계로 연결되어 있어야 한다는 점은 역시 중요하다. 특히 실전논제를 풀 때는 그 점에 유의하고 집중할 필요가 있다.

이런 점들을 되새기면서 최근 기출논제 하나를 더 풀어보도록 하자.

*2013년 이화여대 논술 모의고사 (인문 2)

제시문 ㉰와 ㉱의 시각에서 오늘날 자본주의의 문제점을 각각 요약하고 그 해결책을 설명하시오.

㉰

프로테스탄트 윤리가 실제로 작동할 수 있도록 해준 것은 '시간의 문제(time-engine)'이다. 요컨대, 먼 미래를 위해 보상받기를 미루는 것이 프로테스탄트 윤리의 핵심이다. 베버가 관료제를 분석하면서 '쇠창살의 비밀(the secret of iron cage)'이라고 지적했던 것이 바로 그 시간의 문제였다. 사람들은 미래에 보상을 받을 것이란 희망으로 고정된 제도 속에 스스로를 속박시킨다는 게 베버의 해석이었다. 보상의 지연을 통해 사람들은 절제하게 된다. 좋은 싫든 사람들이 직장에서 몸이 부서져라 일하는 것도 나중에 돌아올 보상을 기대하기 때문이다. 이처럼 개인들이 어떤 일을 함으로써 명예나 위신을 얻게 되려면 신뢰할 만한 특정한 제도와 조직이 필요하다. 미래의 보상을 보장해줄 수 있을 만큼 조직의 안정성이 높아야 하고, 나중에라도 조직원들의 그간 업적을 제대로 평가해줄 수 있어야 하는 것이다.

그러나 새로운 노동의 패러다임은 당장의 보상을 나중으로 미루는 금욕을 부질없는 것처럼 만든다. 노동과 이후의 보상을 보장할 제도를 연계해주는 사람도, 조직도 없어지고 있기 때문이다. 이는 최근의 경기순환 과정에서 극명하게 드러난다. 경기가 하강기로 접어들면 호황 국면에서 잘 드러나지 않던 현상들이 분명하게 나타난다. 불황기에 상류층은 중·하류층에 비해 운신의 폭이 훨씬 크다. 불황기에 어려움에 처한 기업들의 경영진은 서로 인맥과 학맥 등 관계망을 활발히 가동할 수 있어 노동자들에 비해 위기에서 발을 빼기가 훨씬 용이하다.

이렇게 되면 프리드리히 니체(Friedrich Nietzsche)가 '달아나는 신(神)'이라 했던 상황이 벌어지게 된다. 관료제의 틀 속에서 노동자들이 나중을 기약하고 열심히 일해 온 것을 평가하고 보상해줘야 할 직장의 경영자와 상사들이 달아나고 없는 상황이 벌어지는 것이다. 하이테크회사나 금융과 미디어 분야에서 나타나는 경영진의 잦은 이동과 교체는 노동자들이 열심히 일하며 금욕한들 나중에 이를 제대로 평가할 책임자가 없다는 의미로 다가온다.

미국과 유럽에서 민간 연기금들이 잇달아 무너지고 정부의 국민 연금도 바닥을 드러내면서 보상의 지연이란 제도는 심각한 위기를 맞고 있다. 미래를 위해 저축한다는 프로테스탄트 윤리의 핵심은 이같은 구조적 결함으로 인해 폐기처분 될 처지에 놓였다.

힘을 잃게 된 프로테스탄트 윤리의 사람들 각자의 미래 설계에도 심각한 영향을 미치고 있다. 사회학자 마이클 래스커웨이가 1970년대와 오늘날의 젊은 성인층의 직업 설계를 비교 분석한 결과 이 같은 현상이 두드러졌다. 비교 대상으로 삼은 두 집단 모두 대학교육을 받았고 포부도 컸다. 하지만 이들 두 집단은 자신들의 포부를 어떤 직업을 통해 펼칠 것인가와 관련해서는 확연한 차이를 보였다. 30년 전의 젊은이들은 장기적인 전략에 기초한 반면 요즘 젊은이들은 당장의 전망을 중시했다. 무엇보다도 이전 세대는 자신의 목표를 조리 있게 설명했지만 요즘 세대는 왜 스스로 그 일을 하려고 하는지를 제대로 설명하지 못했다. 특히 이전 세대는 미래에 얻게 될 궁극적인 보상의 개념을 분명하게 정의하고 있었던 데 비해 요즘 세대의 입장은 훨씬 모호했다.

㉣

터키 알라니아 근해의 어장은 비교적 영세한 어장이다. 알라니아의 일백여 어민들은 여러 종류의 어망을 사용하면서 개인별로 두세 척의 어선을 이용하여 고기를 잡는다. 어민의 절반은 지역 생산자 조합에 소속되어 있다. 1970년대 이전의 '암흑시대'에는 알라니아 어업의 경제적 활력을 위협하는 두 가지 요인이 있었다. 첫째, 어장의 무절제한 이용으로 어민들 사이에 적대감, 때때로 폭력적 갈등이 생겨났다. 둘째, 보다 좋은 조업 지점을 차지하기 위한 어민들 사이의 경쟁 때문에 조업 비용이 증대되었고, 어선의 잠재적 어획량의 불확실성 또한 증대되었다.

1970년대 초반 이후 지역 조합원들은 현지 어민들에게 조업 구역을 배정하는 새로운 운영 시스템을 실험하기 시작했다. 이 시스템은 조업 위치 간의 간격을 충분히 설정하여 각 조업 위치에서 산출량을 최적화한다. 또한 이 시스템은 가장 좋은 위치에서 고기잡이할 수 있는 기회를 각 어선에 동등하게 부여한다. 이 시스템하에서 조업 위치를 물색하고 차지하기 위한 싸움에 자원이 낭비되는 일은 없었으며, 과잉 조업의 징후도 발견되지 않고 있다. 조업 위치를 적은 목록은 각 어민의 확인을 거쳐, 한 해 동안 시장이나 지역 경찰이 보관한다. 하지만 이 시스템의 감시 및 집행은 조업 구역을 윤번제로 지정함으로써 생겨난 인센티브의 부산물로서 어민들 자신에 의해 이루어진다.

고기가 잘 잡히는 위치에서 조업할 차례가 된 어부는 그날 아침 어로 장비에 결정적인 문제가 생기지 않는 한 자신의 권리를 확실하게 행사하려 할 것이다. 고기가 잘 잡히는 위치의 조업권을 가진 어부는 동이 트자마자 자신의 조업 위치에 도달하기 위해 노력한다는 사실을 모든 사람들이 알고 있다. 따라서 그날 고기가 덜 잡히는 위치에 배정된 어부가 몰래 고기가 잘 잡히는 위치로 옮겨 간다면 이는 틀림없이 발각될 것이다. 이러한 부정행위는 좋은 자리에서 조업할 차례가 된 어부에 의해 목격될 수밖에 없고, 필요한 경우 이 어부는 물리적 수단을 사용해서라도 자신의 권리를 지키려 할 것이다. 시스템 내의 다른 사람들도 이 어부의 권리를 옹'

우선 논제의 문장이 약간 특이하게 느껴질 수 있다. '제시문의 시각에서 오늘날 자본주의의 문제를 요약'하라니. 요약해야 하는 것은 제시문일까, 자본주의일까. 애초에 출제위원의 실수인지, 의도한 대로인지 불분명하게 느껴지는 경우도 간혹 생긴다. 하지만 이렇게 애매한 요구 사항은 제시문을 읽고 나면 해소되는 경우가 대부분이다. 그리고 어쨌든 그 요약의 과정이 '해결책 설명'을 위한 과정이라면, 우리가 무엇을 위한 해결책을 내야 하는지를 추적하는 과정에서도 드러날 수 있다.

우선 제시문을 차례로 살펴보자. 제시문 ㉯는 '보상의 지연'이라는 개념을 중심으로 설명하고 있다. 프로테스탄트 윤리가 작동하려면 '보상의 지연', 즉 미래에 보상받을 수 있으리라는 확신이 있어야 하며, 그래야 사람들이 열심히 일하면서 검소하게 생활한다는 것이다. 하지만 오늘날에는 연기금이 붕괴되고 사회보장제도가 부실화되면서 지금 열심히 일한다고 해도 미래에 보상을 받을 수 있을지 불투명해지고 있다고 진단한다. 즉, 미래에 보상받을 수 있다는 확신이 사라지면서 자본주의 탄생의 핵심적인 원동력이었던 '프로테스탄트 윤리'가 실종되고 있고, 바로 그것이 현대 자본주의 위기의 원인이 되고 있다는 것이다.

제시문 ㉰는 흔히 '공유의 비극'이라고 부르는 현상을 극복한 사례를 보여주고 있다. 터키 알라니아 근해의 어장 이야기인데, 과거 1970년대 이전까지는 무절제하고 경쟁적인 어로행위 때문에 어장이 황폐화되고 어민들 사이의 갈등이 심화되는 문제가 있었다고 한다. 하지만 1970년대 초반 어민들에게 조업 구역을 나누어 배정하고, 좋은 위치에서 고기를 잡을 기회를 동등하게 나누는 새로운 운영 시스템을 도입하면서 해결책을 찾을 수 있었다. 좋은 조업 위치를 찾거나 차지하기 위해 자원을 낭비할 필요가 없어졌다. 간혹 다른 이의 조업 기회를 가로채는 부정행위자가 나타나더라도 각자 자신에게 돌아올 기회를 지키기 위해 그런 부정행위자를 색출해서 응징할 수 있었기 때문이라는 것이다.

두 제시문은 각각 오늘날 자본주의가 맞고 있는 위기의 다른 측면을 보여주는 사례를 들고 있다. 제시문 ㉰는 '보상의 지연' 시스템이 붕괴된 것에서 그 원인을 찾고 있으며, ㉱에서는 '적절한 관리 시스템의 부재'로 인한 '공유의 비극'을 원인으로 꼽고 있는 것이다.

이렇게 분석한 내용을 토대로 다음과 같은 답안을 구성할 수 있다.

▶ 제시문 ㉰의 시각에서 오늘날 자본주의의 문제점 요약

: 최근 연기금 부실화와 경영구조의 가변성 증대로 인해 '보상의 지연' 시스템이 붕괴했고, 그래서 미래의 보상에 대한 확신에 기초할 때 가능했던 절제와 노력이 사라지면서 자본주의 경제 시스템이 위기에 봉착하게 됐다.

▶ 제시문 ㉣의 시각에서 오늘날 자본주의의 문제점 요약

: 적절한 관리와 운영 시스템이 없을 때, 개인들의 이기적 행위는 파괴적인 경쟁으로 이어져 공유자원을 남용하고 갈등을 심화시켜 모두의 피해를 초래한다. 오늘날 자유가 증진된 반면 관리와 운영 시스템이 받쳐주지 못하는 데서 자본주의 시스템 위기의 원인을 찾을 수 있다.

▶ 해결책 찾기

제시문 ㉰의 관점에서는 '보상의 지연' 시스템을 복구해 '프로테스탄트 윤리'를 회복시키는 것이 시급하다. 특히 기업 경영구조의 가변성이 증대하고 '평생직장'이라는 관념이 사라진 오늘날, 국가가 미래를 직접 보증하거나 각 기업의 보증을 국가가 강제하는 방식을 강구할 필요가 있다. 예컨대 증세(增稅), 특히 법인세율 인상 등을 통해 국가 주도의 복지제도와 사회보장 시스템을 보강하는 방식을 생각해볼 수 있다.

또한 제시문 ㉱의 관점에서는 동등하고 공정한 기회를 배분함으로써 공유자원을 보존하고 동시에 활용도를 극대화하는 방안이 요구된다. 예컨대 생산자 조합 등을 장려함으로써 자율적이고 자발적인 협동 관리 시스템을 갖추도록 하고, 정부는 그에 대한 지원과 더불어 조합 간, 개인 간 갈등의 소지를 해소하는 적절한 개입을 할 필요가 있다.

13 설명형 논제 풀이

어떤 개념이나 설명을 정확히 이해하는지 확인하는 데 초점을 맞추는 논제가 있다. 여기서는 '설명형'이라고 부르려고 하는데, 이런 논제들은 이해력 부분에서 변별력을 가져야 하는 논제의 형태인 만큼, 제시문 자체가 비교적 어렵거나 생소한 경우가 많다.

우선 간단한 사례를 하나 확인해보자.

문제

제시문 ㉮와 ㉯를 읽고 문화영역 확대의 긍정적인 측면과 부정적인 측면을 설명하고 본인의 견해를 제시하시오.

과거에 사람들은 종교, 예술, 철학, 과학, 정치학 등의 고차원적인 인간 정신 활동의 표현을 '문화'라고 생각하였다. 아마도 많은 사람들은 아직도 이와 같은 생각을 가지고 있을 것이다. 이러한 이해는 '문화민족'(고도로 발달된 문명)과 '원시민족'(미개한 문명)을 구별하는 가운데 두드러지게 표현되었다. 문화를 보는 이러한 관점은 상당히 오래 전에 포기되고 이제 각 사람과 각 민족의 삶의 표현을 문화로 보게 되었다. 동물과는 달리 인간은 자연 속에 그저 생존하는 것이 아니라 끊임없이 자연을 바꾸고 있다. 땅을 갈든, 우주 실험실을 만들든, 손을 씻든, 혹은 철학 체계를 구상하든 간에 인간은 동물과는 다른 방식으로 살고 있다. 인간은 자연환경에 끊임없이 개입하고 있고, 이것이 다름 아니라 곧 문화이다. 그러므로 '미개인'(자연 상태의 인간)은 존재하지 않는다. 삶과 죽음과 성애(性愛)에 관한 의식(儀式)과 체험, 식량 생산 방식과 식탁 예법, 농경과 사냥, 그릇, 도구, 의복의 제작, 주택 장식과 화장(化粧) 등 인간의 여러 활동이 문화에 속한다. 예술, 종교, 과학과 마찬가지로 이러한 일상적인 활동이 모두 문화이다. 농경과 (땅과 여인의) 비옥성, 성애, 예술적 표현과 종교적 신화는 이른바 '미개인'에게서는 서로 뗄 수 없는 하나의 전체로 엉켜 있다.

— C. A. 반퍼슨, 《급변하는 흐름속의 문화》에서 발췌

우리 시대는 '덜 고상한' 문화 활동에 몰두하기 시작했다. 그리하여 각광을 받게 된 것은 바로 주방일과 집수리, 정원 가꾸기 등이다. 다만 이런 일들은 인기를 끌고 있기 때문에, 오히려 본래의 매력과 독특한 면을 잃게 될 위험이 있다. 그 매력과 독특한 면이란, 그 일들이 사전 준비 없이 바로 집 안에서 할 수 있다는 점이다. 그런데 사람들은 그 본래의 장점을 깡그리 잊어버리고는 은밀한 음모를 계획했다. 사회적 무대 앞에 이 일들을 완전히 드러내 놓고서 유심히 살피고 연구하고 기록하기 시작한 것이다. 그래서 이제 이런 일들은 박식한 담론들이나 해석을 곁들인 수많은 논쟁들의 대상이 되어 버렸다. 게다가 그런 담론과 논쟁에 사용되는 언어들은, 본래 누구나 손쉽게 사용해 오던 맛깔스러운 언어들과는 아무런 연관성도 없는 분석용 전문 용어들이다. 한 끼 식사의 요리에 딸려 나오는 주석들은, 마치 책 한 권을 분석해 놓은 것처럼 분량도 길 뿐 아니라 은유적인 표현들로 가득 차 있다. (중략) '모든 것을 문화화'한다는 열린 개념은 잘못된 결과를 가져올 수도 있다. 우리는 평범하고 일상적인 문화를 옳다고 인정할 수 있기를 바랐다. 그래서 그 문화를 너무 높이다가 결국 '고상한' 문화로 끌어내리는 우를 범하고 말았다.

-피에르 쌍소,《느리게 산다는 것의 의미》에서 발췌

제시문 ㉮는 문화의 개념과 그 시대적 변화에 대해 설명하고 있다. 과거에는 문화가 '고차원적 정신활동'을 의미했지만 오늘날에는 '사람과 민족의 삶의 표현'을 의미하는 것으로 넓어졌다는 것이다. 그래서 문화란 미개인이 가질 수 없는 것이기도 하지만 문화민족과 미개민족을 구분하는 기준이 될 수도 없다고 설명하고 있다.

제시문 ㉯에서는 그런 문화개념의 확장 과정에서 예전에는 '덜 고상한' 것으로 여겨졌던 일들 역시 문화의 일부로 인식되며 벌어지는 현상에 대해 언급하고 있다. 주방일이나 집을 수리하고 가꾸는 것 같은 일상적이고 평범한 일들도 문화로 인정되고 긍정되다보니 오히려 너무 고급화되고 전문적인 담론의 영역으로 편입되어 누구나 부담 없이, 준비 없이 향유할 수 있었던 과거의 매력과 특징을 잃어버리게 되었다는 것이다.

논제에서는 '문화영역 확대의 긍정적인 측면, 부정적인 측면을 설명하고 그에 대한 자신의 견해를 밝히라'고 요구하고 있다. '긍정적인 측면과 부정적인 측면의 설명'은 제시문의 논지를 이해해 정리함으로써 해결해야 하는 부분이며, 그에 대한 견해는 그 '부정적인 측면'을 지양하고 '긍정적인 측면'을 확대하는 방향으로 서술하면 된다.

제시문 ㉮에서 오늘날의 확장된 문화 개념은 '자연에 대한 인간의 의식적인 개입' 일반으로 정의되고 있다. 즉, 예술, 종교, 과학뿐만 아니라 삶과 죽음과 성애(性愛)와 생산과 의식주 같은 모든 일상의 영역에서 의식적 개입을 통해 발전시키고 개선시키는 활동이 문화에 속한다. 따라서 이런 문화개념의 확장은 인간행위의 보다 넓은 영역에 대해 가치를 인정하는 것이며, 그럼으로써 더욱 적극적인 발전과 개선의 활동을 자극하는 일이 된다. 과거에는 무가치한 일로 치부되었던 요리, 청소, 인테리어 등이 중요한 영역으로 존중되고 전문가들을 배출하며 새삼 발전의 계기를 맞이하고 있다고 설명한다.

하지만 제시문 ㈏에서는 이러한 과정 속에서 우리가 잃게 되는 것들에 대해 지적한다. 일상에 속하던 활동들이 문화의 일부로 인정되고 그 위상이 높아짐에 따라 역설적으로 그에 대한 전문성을 가지지 못한 이들은 비전문가로 배제되고 소외되는 일이 벌어지게 되었다는 것이다. 요리, 청소, 집 꾸미기, 혹은 출산과 육아처럼 이전까지 주부라면 누구나 할 줄 아는 것으로 여겨졌던 활동들이 '전문가의 도움을 받아야만 하는' 것으로 인식되고 있고, 그래서 누구나 손쉽게 나설 수 없다고 생각하게 되는 오늘날의 현상들을 그 예로 삼고 있다. 즉, 문화의 영역이 확대되면서 '일상의 가치를 인정하고 높인 것'을 긍정적인 측면으로 볼 수 있지만 반대로 사람들이 '일상의 활동으로부터 소외되고 배제되는 것'을 부정적인 측면으로 생각할 수 있다.

그에 대한 생각은 다양할 수 있겠지만, '일상의 가치를 긍정하되 그것으로부터 소외되지 않는' 방향에 대한 전망과 의지를 표현하는 것도 하나의 방법이 될 수 있다. 예컨대 문화가 '의식적 개입을 통해 더 발전시키고 개선시키는' 활동이긴 하지만, 그것이 단순한 우열을 가르는 기준이 될 수는 없는 다양한 방향의 활동이라는 제시문 ㉮의 관점을 응용할 수 있다. 꼭 전문화시켜 축적하고 전수하는 '노하우'를 통해서만이 아니라 다양한 시도와 향유의 방식 자체만으로도 문화적 의미와 발전의 계기를 찾을 수 있다는 점을 인식하는 것이 중요하다는 결론을 내릴 수 있다.

여기에서도 제시문 이해의 핵심은 논제의 의도 파악이라는 사실을 다시 확인할 수 있다. 제시문들이 각각 문화의 의미 확장에 대해 설명하고 있지만, 그것을 긍정적 측면과 부정적 측면이라는 틀로써 접근하지 않으면 정확한 답을 구상할 수 없기 때문이다. 바로 그런 점들 때문에 논술시험을 치를 때 제시문보다 먼저 논제를 주의 깊게 읽어야 한다는 조언을 하게 되는 것이다.

또한 정확한 설명을 위해서는 아주 구체적인 이해가 선행되어야 하며, 앞서 5강에서 설명했듯이 '구체적 이해'란 사례를 들 수 있는 능력에 달려 있다. 어떤 사실에 대해 사례를 들어 설명할 수 있다면 정확하고 구체적으로 이해하고 있는 것이지만, 그렇지 못하다면 충분한 이해와는 거리가 멀다고 할 수 있다.

위의 설명들을 유의하면서 기출논제를 하나 풀어보자.

아래 제시문 ㉮, ㉯, ㉰, ㉱를 읽고 문제에 답하시오.

㉮

'현실주의적 낙관성'은 현실에서 동떨어지지 않은 낙관적 사유 성향이다. 현실주의적 낙관성은 자신에 대한 규칙적 점검, 잠재적 기회와 변화하는 상황에 대한 재평가와 연관된다. 자기 신념의 실현 가능성을 확인하기 위해 환경적 · 사회적 피드백에 주의를 기울인다. 현실주의적 낙관성은 아무리 힘든 상황에서도 긍정적 성장 또는 배움의 기회가 있을 것이라는 인식을 통해 이루어진다. 일어나는 일들의 의미에 대해서 사람들이 내리는 평가와 해석은 사실과 확실성에만 근거할 수는 없다. 우리는 보통 미래가 무엇을 가져다줄지, 인생의 작은 사건이 어떤 파문을 일으킬지 알지 못한다. 그러므로 우리는 일어나는 일들의 의미를 일정한 한계 안에서 해석한다. 사실 이런 가능성을 보여주는 일반적 표현들이 있다. 예를 들어 사람들은 "잔에 물이 반 밖에 안 남았다고 보지 말고 아직도 반이나 남았다고 보라"거나 "먹구름 뒤의 태양을 보라"는 식으로 격려한다. 그러나 낙관성은 하나의 신념이므로 잘못된 믿음일 수도 있다. 예를 들어 대다수의 사람들은 자신에게 암이나 심장 질환이 발병하거나 결혼 생활이 파탄에 이르거나 경제적으로 파산

할 가능성이 사회의 평균치보다 훨씬 낮다고 믿는다. 이러한 유형의 비현실적 낙관성은 근거 없는 안전감을 줄 수 있다. 장기적으로 볼 때 행복증진에 도움이 되기 위해서는 낙관성이 현실적이어야 한다.

㉯

"운명은 바야흐로 우리가 예상했던 것보다 더 좋은 방향으로 우리를 인도하고 있다. 자, 산초여, 저쪽을 보아라. 서른 아니 그보다 훨씬 많은 흉악한 거인들이 버티고 서 있다. 나는 저놈들과 싸워다 죽인 후에 거기서 얻은 전리품으로 일약 거부가 될 것이다. 이것이야말로 정의의 전투! 이 지구상에 널려 있는 악의 씨를 없애는 하느님에 대한 위대한 봉사이다."

"아니 거인들이 어디 있어요?" 하고 산초가 물었다.

"아, 저쪽에 긴 팔을 가진 놈들 말이다. 어떤 놈들은 팔 길이가 거의 20리에 걸쳐 뻗쳐 있구나."

"나리, 저 거인처럼 보이는 것들은 말입죠, 실상은 풍차들이에요. 그리고 저 팔처럼 보이는 것은 바람의 힘으로 움직여서 맷돌을 돌리는 날개입죠."

"정말 너는 모험이라는 것을 통 겪어보지 못한 모양이로구나. 저놈들은 틀림없는 거인들이야. 겁이 나거든 여기 가만히 있거라. 내가 저놈들하고 치열한 싸움을 하는 동안 너는 여기에서 물러나 기도나 하며 엎드려 있으란 말이야."

말이 채 끝나기도 전에 돈 키호테는 로시난테에게 박차를 가했다. 지금 공격하려는 것은 거인들이 아니고 풍차라고 악을 쓰는 산초의 말을 아예 들은 체도 하지 않았다. 그는 그것들이 거인이라고 굳게 믿었기 때문에 산초의 말을 귀담아 듣지도 않았을 뿐만 아니라 가까이 가서도 그것이 정말 무엇인가를 확인하려고 하지 않았다. 그는 큰 소리로 이렇게 외쳤다.

"이 비겁하고 형편없는 놈들아, 여기 기사 한 명이 너희들과 맞서려고 하니, 아예 도망갈 생각은 말아라."

이때 마침 바람이 불어서 풍차 날개들이 움직이기 시작했다. 돈 키호테는 이것을 보자 다시 소리를 질렀다.

"네 놈들은 부리아레오보다 더 많은 팔을 움직인다 할지라도 나에게 호되게 당하리라는 것은 이미 정해진 사실이다."

이렇게 말하면서도 그는 자기가 사모하는 둘시네아님에게 이 난관을 돌파할 수 있도록 도와주십사 하고 두 손 모아 비는 것을 잊지 않았다. 그러고는 방패로 몸을 가리고 창은 가슴받이에 달린 철고리에 꽂은 채 로시난테에게 박차를 가하면서 맨 앞에 있는 풍차로 덤벼들었다. 창으로 날개를 치니 세찬 바람이 일어나 날개를 돌리는 통에 창은 그만 산산조각이 나 버리고 말과 기수는 공중으로 솟았다가 땅으로 떨어져 들판을 떼굴떼굴 굴렀다. 산초가 당나귀를 전속력으로 몰아 주인을 구하려고 달려가 보니 돈 키호테는 처참하게 쓰러져 있었다.

㉰

옛적에 한 여자 있으되 일신이 갖은 병신이라 나이 사십이 넘도록 출가하지 못하여 그저 처녀로 있으니 옥빈홍안이 절로 늙어가고 설분화용이 공연히 없어지니 설움이 골수에 맺히고 분함이 심중에 가득하여 미칠 듯 취할 듯 좌불안석하여 세월을 보내더니 (중략)

　내 비록 병신이나 남과 같이 못할소냐 / 내 얼굴 얽다 마소 얽은 구멍 슬기 들고 / 내 얼굴 검다 마소 분칠하면 아니흴까 / 한 편 눈이 멀었으나 한 편 눈은 밝아있네 / 바늘 귀를 능히 꿰며 버선볼을 못 박으며 / 귀 먹다 나무라나 크게 하면 알아듣고 천둥 소리 능히 듣네 / 오른손으로 밥 먹으니 왼손 하여 무엇 할고 / 한 편 다리 병신이나 뒷간 출입 능히 하고 / 콧구멍이 맥맥하나 냄새는 쉽게 맡네 / 입술이 푸르기는 연지 빛을 발라보세 / 엉덩 뼈가 너르기는 해산 잘할 본보기요 / 가슴이 뒤 앉기는 진일 잘 할 기골일세 / 내 얼굴 볼작시면 비록 곱진 아니하나 / 일등 수모* 불러다가 헌사롭게 단장하면 / 남이라고 맞은 서방 난들 설마 못 맞을까 / 대체로 생각하면 내가 결단 못할손가 / 부모동생 믿다가는 서방맞기 지난하다 / 오늘 밤이 어서 가고 내일 아침 돌아오면 / 중매파를 불러다가 힘을 써서 청혼하면 어찌 아니 못될손가 / 이처럼 생각하니 없던 웃음 절로 난다 / 신령님도 알 것이니 지성이면 감천이라 / 부모들도 의논하고 동생들도 의논하여 / 김도령과 의혼하니 첫 마디에 되는구나 / 혼인택일 가까우니 엉덩춤이 절로 난다

*수모: 혼례 때 신부의 단장을 도와주는 여성

결국 논제에서 요구하고 있는 것은 비교 분석이다. 한 제시문의 논지 위에서 나머지 두 제시문의 공통점과 차이점을 찾아 드러내는 것이다. '비교'를 요구하면 동시에 두 개 이상의 제시문에 대한 정확한 독해 여부와 중심적인 쟁점 파악 여부를 확인할 수 있다. '설명형 논제'의 가장 진화된, 그리고 난이도 높은 형태의 논제 중 하나이다.

우선 ㉮ 제시문부터 살펴보자. 아주 쉽게 논지 파악이 가능한 형태의 글이다. 왜냐하면 글의 첫 문장과 마지막 문장이 일관되게 하나의 논지를 강조하고 있기 때문이다. '현실주의적 낙관성', 즉 '자신에 대한 규칙적 점검, 잠재적 기회와 변화하는 상황에 대한 재평가 등을 통해 얻는 현실적인 낙관성'이 '장기적인 행복 증진'에 도움을 준다는 것이다.

낙관이라는 것은 어쨌든 '좋은 쪽으로' 생각하는 것을 의미한다. 하지만 그것이 현실성을 결여할 경우 장기적으로는 위험할 수 있기 때문에, 자신과 상황에 대한 현실적인 평가를 기초로 포기하지 않고 용기를 내며 전진하는 자세가 필요하다는 이야기다.

다음으로 ㉯ 제시문을 보자. 아마 제대로 읽어본 사람은 드물겠지만, 대략의 줄거리와 내용은 모르는 이가 없을 세르반테스의 소설 《돈 키호테》의 한 대목이다. 특히 제시문은 주인공 돈 키호테가 풍차를 향해 돌격하는, 이 소설의 대표적인 장면이다.

《돈 키호테》라는 작품명을 알게 되는 순간 많은 것들이 떠오를 것이다. 르네상스, 중세 기사 계급의 위선과 허위에 대한 풍자……. 하지만 논술 제시문의 의미를 그 배경에서까지 끌어올 필요는 없다. 제시문은 논제의 필요에 따라 원전의 맥락에서 잘라내 가져온 것이고, 그래서 그냥 제시된 대로만 읽고 이해하면 된다.

이 글에서 돈 키호테는 풍차를 거인으로 그리고 스스로를 강력한 전투력을 가진 영웅적인 기사로 인식하는 착각 혹은 환각 속에서, 거인들을 쳐부수면 막대한 전리품을 얻어 거부가 될 수 있다고 생각하고 있다. 하지만 정작 그 거인을 물리치기 위해 달려들었을 때 풍차의 날개에 맞고 공중으로 치솟았다가 땅으로 내동댕이쳐져 처참하게 쓰러지는 비극적인 결말에 이르게 된다. 돈 키호테는 현실과는 전혀 동떨어진 착각 혹은 환각 속에서 들뜨고 흥분했지만, 결국 현실의 벽 앞에서 그 모든 망상은 물거품이 되고 중상을 입어 쓰러지는 비운에 이른 것이다.

제시문 ㉮와 연관해 생각할 때, 제시문 ㉯의 돈 키호테가 의미하는 바는 명백하다. 낙관을 가졌지만 현실성을 결여한, 그래서 위험한 현실에 노출돼 비극적인 결말에 이른 이의 사례다.

이번에는 제시문 ㉰를 보자. 나이 사십이 넘도록 출가하지 못한, 즉 결혼을 하지 못한 여자가 등장한다. 오늘날에는 결혼을 하지 못했다는 것이 꼭 그렇게 괴로운 일이 아닐 수도 있겠지만, 어쨌든 제시문 속의 여자는 서러움과 분함을 감추지 못하고 있다.

그 여자는 어느 날 곰곰이 자신의 처지를 따져 본다. 얼굴은 얽고(곰보), 피부는 검고, 한 쪽 눈은 멀었고, 귀도 잘 들리지 않고, 한 쪽 다리도 못 쓰고……. 그래서 스스로 '병신'이라 칭하는 비참한 처지다. 하지만 달리 생각하면 분칠(화장)을 열심히 하고, 성한 한 쪽 눈과 귀와 다리를 잘 쓰면, 바늘 귀 꿰어 바느질도 할 수 있고 오가며 일도 할 수 있으며 아기도 낳을 수 있다며 용기를 낸다. 그래서 부모와 동생만 믿지 말고 스스로 나서자고 결심해 중매파를 불러다가 청한 끝에 김도령이라는 남자와 결혼을 할 수 있게 되었다는 내용이다.

이 또한 제시문 ㉮의 논지와 연관할 때 의미하는 바가 분명하다. 즉, 자신이 가진 수많은 불리한 점들을 고려하는 가운데서도 자신이 할 수 있는 일들을 가려 떠올리고, 그것을 최대한 활용해 목표를 달성하려고 노력하는 사람의 모습이다. 다시 말해 '현실적 낙관주의'란 무엇인가를 보여주는 대표적인 사례라고 할 만한 내용이다.

따라서 답안은 대략 이렇게 구성하면 될 것이다.

▶ 제시문 ㉮의 논지 설명 : 현실주의적 낙관성. 현실에서 동떨어지지 않은 낙관적 사유가 장기적인 행복 증진에 기여할 수 있다.

▶ 제시문 ㉯의 설명 : 돈 키호테는 낙관적인 태도를 가졌지만, 현실을 정확히 인식하지 못했기 때문에 말을 타고 풍차를 향해 돌격하는 부적절한 행동을 함으로써 중상을 당하는 비극적 결말에 이르게 되었다.

▶ 제시문 ㉰의 설명 : '여자'는 용모가 아름답지 못한데다가 장애를

안고 있는 불우한 처지임에도 불구하고, 자신이 가진 능력과 장점을 발굴하며 노력한 끝에 결혼이라는 목표에 이르고 행복을 쟁취하게 되었다.

▶ 두 제시문의 비교 : 제시문 ㈏와 ㈐의 주인공은 모두 낙관적인 생각과 태도를 가졌다는 공통점이 있다. 하지만 ㈏의 돈 키호테는 현실과 동떨어진 망상 속에서 낙관적이었던 반면 ㈐의 '여자'는 현실에 대한 냉철한 분석에 근거했다는 점이 크게 다르다. 그리고 그 차이가 바로 중상을 입은 돈 키호테와 결혼에 성공한 여자의 운명을 가른 결정적 원인이었다.

14 양론형 논제 풀이

상반된 입장이나 관점을 가진 제시문(들)을 주고 그 두 가지 중에서 선택하도록 하거나, 한 쪽의 입장이나 관점에서 다른 한 쪽을 비판하도록 하는 유형의 문제들이 있다. 편의상 '양론형 논제'라고도 부르는데, 이런 종류의 논제에서 중요한 것은 쟁점을 정확히 이해하고 논제의 의도에 맞는 비교와 대조의 지점을 찾는 것이다.

간단한 사례를 하나 살펴보자.

성장론	분배론
'규모'가 경쟁력이 되는 세계무대의 경쟁에서 성급한 분배는 경쟁력을 약화시킨다	지속적인 고도성장 과정 속에서도 적절한 분배는 이루어지지 않았으며, 기업주들만이 막대한 부를 축적했다.

경제성장의 성과를 나누는 것이 옳은가, 아니면 더 큰 성장의 밑천

으로 쓰는 것이 옳은가의 논쟁은 수십 년, 아니 수백 년간 지속되어 왔으며 평행선 같은 논쟁이라고도 할 수 있다. 그래서 그 논쟁의 의미는 시대마다, 나라마다, 상황에 따라 달라지기도 한다.

어쨌든 저 해묵은 논쟁에 대해, 위에 제시한 두 가지 논거들을 가지고 한 편의 글을 쓴다고 생각해보자. 이미 지금 이 책의 이 대목을 보고 있는 학생이라면, 둘 중 한 쪽을 선택해서 '나는 성장론이 좋다'는 식의 일방적인 글을 써서는 안 된다는 점을 잘 알 것이다. 따라서 대개의 글은 이렇게 구성될 것이다.

- 성장론자들은 국제경쟁력 강화를 위한 규모의 확대가 필요하다는 점을 강조한다.
- 분배론자들은 우리나라가 지난 40여 년간 수백 배의 급속한 경제성장을 경험하면서도 적절한 분배가 이루어지지 않아서 극심한 빈부격차를 발생시켰다는 점을 들어 성장론자들의 허구성을 공격한다.
- 하지만 국가 간의 장벽이 급속도로 허물어지고, 경쟁이 치열해지는 오늘날 세계화 시대에 국제경쟁력을 조금이라도 높이는 것은 기업주와 근로자 모두에게 절실한 일이다.
- 따라서 현실적으로 당분간은 분배보다는 성장에 주력하는 것이 필요하다고 생각된다.

하지만 두 가지 입장을 잘 고려해서 결론을 내린 듯해 보이는 위의 글도 일방적이기는 마찬가지다. 양쪽 논자들의 주장을 소개하기는 했지만, 그 중 하나를 선택하는 과정이 전혀 논리적이지 않고 주관적이기 때문이다.

두 가지 논거가 모두 일정한 타당성을 가지고 있다고 할 때, 그 중 한 쪽을 택하는 글이 해명해야 하는 것은 '그 쪽을 선택한 이유'보다는 오히려 '나머지 한 쪽을 선택하지 않은 이유'다. 두 가지 모두 타당성이 있다고 한다면 둘 중 무엇을 택해도 이상할 것은 없다. 하지만 둘 중 무엇이든 선택하지 않은 이유를 따로 설명하지 않으면 글은 논리가 취약해지고 미궁에 빠져버릴 수 있다.

그래서 두 가지 상반된 입장의 논거들을 놓고 한 쪽을 선택할 때, 우리가 택할 수 있는 방법은 대략 세 가지가 있다.

1. 한 쪽의 논거가 허구이거나, 타당하지 않음을 입증하는 방법
2. 한 쪽의 논거가 다른 한 쪽의 논거보다 더 타당하고 가치 있음을 입증하는 방법
3. 양 쪽의 주장을 모두 수용할 수 있는 '제3의 길'을 제시하는 방법

그 중에서 우리가 실제 논술시험에서 흔히 사용하게 되는 방법은 단연 두 번째가 된다. 왜냐하면, 논술시험에서 일방적으로 옳고 그름이 나뉘는 사례를 출제한 경우는 거의 없다는 점에서 첫 번째 방식은 큰 효용이 없기 때문이다. 그리고 세 번째 방식 역시 자칫 논점과 논제의

의도를 벗어날 가능성이 높다. 그런 방식의 해결책을 요구한 경우 역시 거의 없었다는 점에서 별 의미가 없다.

그래서 두 번째 방법에 따라 분배론자의 입장에서 성장론자를 비판하는 글을 쓴다면 이런 식이 될 수 있다.

1. 성장론자들은 국제경쟁력 강화를 위한 규모의 확대가 필요하다는 점을 강조한다.

2. 분배론자들은 우리나라가 지난 40여 년간 수백 배의 급속한 경제성장을 경험하면서도 적절한 분배가 이루어지지 않아서 극심한 빈부의 격차를 발생시켰다는 점을 들어 성장론자들의 허구성을 공격한다.

3. 하지만 성장과 분배가 서로 무관한 과정이 아니라는 점에서 성장론자들의 논리는 보완되어야 할 여지가 있다.

4. 분배의 실패로 인해 심화된 빈부의 격차는 그대로 내수시장의 황폐화로 나타나게 되며 내수시장의 안정적인 뒷받침이 없는 기업들은 국제무대에서도 힘을 발휘하기 어렵기 때문이다.

5. 또한 제대로 분배받지 못한 근로자들의 근로의욕 저하 역시 국제경쟁력을 갉아먹고 있다. 특히 인적자원의 중요도가 높아지는 지식정보화시대를 맞이하며 그 의미는 더욱 커지고 있다.

6. 따라서 국제경쟁력 강화를 위해서는 무조건 분배에 인색한 채 자본의 크기만 키워서는 안 된다. 적절한 분배를 통해 내수시장을 활성화하고 근로의욕을 높여야 한다는 인식이 필요하다.

양론형 논제에서 중요한 것은 두 가지 입장과 주장 사이에서 균형을 잃지 않는 것이다(물론 그것은 기계적인 중립을 유지하는 것과는 아무 관계가 없다. 양쪽 논거를 정확히 비교함으로써 판단을 내리는 과정을 보여주어야 한다). 그리고 그렇게 정당한 판단과 선택과정을 밟기 위해서는 두 가지 입장과 주장을 정확히 이해하고, 무엇이 쟁점인지 명확하게 도출해내야 한다.

이제 이런 점들을 유의하면서 실제 논술시험에 출제되었던 기출논제를 하나 풀어보도록 하자.

*성균관대학교 2013년 논술 모의고사

다음 제시문을 읽고 문제에 답하시오.

①

범죄의 원인을 정확하게 파악하기 위해서는 '누가 범죄를 저지르는가'보다는 '누가 범죄자로, 무엇이 범죄로 규정되는가'에 주목해야 한다. 이러한 접근을 통하여 우리는 소위 '낙인찍힌 아이'가 나중에 어떻게 더 큰 범죄를 저지르게 되는지를 이해할 수 있다. 이를 '일차적 일탈'과 '이차적 일탈'로 나누어 생각해보자. 일차적 일탈은 누구나 우연한 기회에 저지를 수 있는 사소한 일탈 행동이다. 그런데 그 사소한 행동이 일탈로, 그리고 그 당사자가 그 행동으로 인해 일탈자로 낙인찍히게 되면, 그 아이는 사소한 수준을 넘어 보다 심각한 일탈을 저지르게 된다. 이처럼 낙인으로 인하여 차후 저지르게 되는 보다 심각한 수준의 일탈을 '이차적 일탈'이라고 부른다. 낙인은 '자기 충족적 예언'을 일으킨다. 아이들이 주위로부터 '멍청한 아이'라고 계속 불리면 그러한 주위의 기대대로 계속 행동할 수밖에 없다. 마찬가지로 어떤 아이가 비행청소년으로, '나쁜 아이'로 낙인찍히게 되면 그러한 과정을 통해 아이들은 주위의 기대대로 비행과 범죄를 저지르게 되는 것이다. 낙인이 찍히면 부정적 자아가 형성되고, 부정적 자아대로 행동하다가 범죄를 저지르게 된다. 즉 범죄자로 낙인찍히면 '그래 나는 범죄자'라는 자아가 형성되고 그래서 지속적으로 범죄를 저지르는 것이다.

②

범죄 행위는 원초아(id)의 반사회적 충동을 자아(ego)와 초자아(super-ego)가 통제하지 못해서 발생하는 것이다. 원초아의 반사회적 충동은 오이디푸스 콤플렉스로 대표되는 근친상간의 욕구와 그 욕구에 대한 죄책감 및 벌을 받고자 하는 욕구에서 유래한다. 그 증거로 청소년 범죄자들은 범죄를 범하기 전부터 막연한 죄책감을 표현하는 경우가 많다. 보다 구체적으로 보자면 항문기에 즉각적인 욕구 충족을 지연하는 능력과 현실 원칙에 따라 행동하는 능력을 제대로 터득하지 못한 사람들이 주로 범죄를 저지르게 된다. 원초아의 본능적 욕구에 대한 조절은 유아기 부모와의 친밀한 관계 형성에 의해 좌우된다.

*항문기 : 성격 발달의 세 번째 단계로 입이나 성기와 마찬가지로 항문의 자극
에서 성적 쾌감을 느끼는 시기이며 연령으로 보면 1~3세 사이이다.

③

롬브로소(Lombroso)는 두개골, 턱의 크기와 팔 길이 같은 범죄자
들의 외모와 신체적 특징을 연구해 그들이 격세 유전의 특성을 보
인다고 결론지었다. 즉 범죄자들은 초기 인류 진화 과정에서부터
물려받은 특성을 보인다는 것이다. 이후의 한 이론은 인간의 신체
유형을 크게 세 가지로 구분하고, 하나의 유형이 일탈과 직접 관련
이 있다고 주장했다. 근육질 유형이 더 공격적이고 육체적이기 때
문에 마른 사람 혹은 살이 많은 사람보다 더 비행을 저지르기 쉽
다는 주장이었다. 남성의 염색체가 XY형인데, 간혹 XYY형의 염
색체를 갖고 태어난 경우가 있어서 이런 사람들이 범죄를 저지른
다고 주장한 사람들도 있었다.

④

범죄 행위의 원인을 분석하는 데 있어 가장 중요하게 고려되어야
할 사항은 사람들이 범죄행위로 내몰리는 것이 아니고 적극적으
로 범죄에 가담한다는 것이다. 그들은 범죄를 위험을 무릅쓰고 할
만한 것이라고 생각한다. 따라서 '범죄적 성향'을 갖는 사람들은
체포될 수 있다는 위험을 알면서도 법을 위반하는 상황에서 이득
을 얻고자 하는 사람들이다. 범죄를 선택하든 그렇지 않든 인간의

선택은 끝이 없다. 범법자는 범죄 유형을 선택해야 하고, 장소와 시간을 선택해야 하고, 범죄 방식을 선택해야 하며, 범죄 이후에 무엇을 할 것인가를 결정해야 한다. 결국 범죄는 이기적 인간들이 내리는 합리적 선택의 결과인 것이다. 합리성의 정도가 어떻든 간에, 합리적 선택 관점에서 보자면, 선택은 범법자에게 지속적인 과정이며 이러한 선택은 개인의 몫이다.

⑤

뒤르켐(Durkeim)은 사회변동이 자살에 미치는 영향에 대해서 경험적 연구를 하였다. 급격한 사회 변동기에는 기존의 사회규범 체계가 무너지고 새로운 규범 체계가 아직 자리잡지 못한 상황에서 가치와 규범의 혼란, 즉 아노미적 상황이 초래되고 그 결과 일탈의 한 형태인 자살이 많이 일어나게 된다고 보았다. 뒤르켐의 자살에 관한 이론을 범죄 현상을 설명하는 데도 유사하게 적용시킬 수 있을 것이다. 왜냐하면 범죄도 자살처럼 일탈의 한 형태이기 때문이다. 뒤르켐은 급격한 사회 변동기에는 전통적인 규범들이 불명확해지고 개인에 대한 사회의 통제가 약화된다고 보았다. 나아가 사람들의 열망이 제한을 받지 않게 되고 사회제도의 기능이 약화되면 자연히 일탈과 범죄가 증가하기 마련이다. 급격한 사회 변동기에는 사회가 개인의 욕망을 제어하는 능력을 상실하기 쉽다는 것이다. 인간들은 본능적으로 욕망을 억제하기 어렵다. 따라서 사람들은 오직 자신들의 욕망을 제어하는 힘에 대해 정당한 권위를 인정할 때만 자신들의 욕구를 제한하는 공권력의 요구에 따른다. 이러한 그들의 욕망 제어 장치는 그들이 존중하고 인정하는 정당한 권위로부터 나온다. 그리고 이 권위는 사회 전체이거나 그 사회의 제도나 기관들 중 하나인 법적 제도 혹은 종교 등일 수 있다.

⑥

생물학자들이 숲을 관찰하여 숲의 생태계를 연구하는 것처럼 사회학자들은 도시의 삶을 관찰하여 연구한다. 도시의 각 지역은 나름의 사회적 특성이 있기 때문에 인간의 삶에 영향을 미치게 되는데, 특히 '해체되는 지역'에서 범죄율과 비행률이 높다. 특정 지역에서는 지역사회가 황폐화되어 가거나, 인구가 줄며, 전통적으로 존중되어 오던 공동체 문화가 해체되어 간다. 1900년부터 1933년까지 시카고 소년법원이 취급한 25,000건의 사건을 도시 지역구조와 연관시켜 보면, 청소년 범죄는 중심 상업업무 지역과 교외 지역의 중간지대에서 가장 높은 범죄율을 나타냈다. 이는 도시생태학적으로 보아 중간지대야말로 범죄를 잉태하고 있는 지역이기 때문이다. 취약한 경제상태, 끊임없는 주거 이전, 인종적 이질성, 가족관계의 붕괴 등은 이웃과의 지속적인 관계 형성을 어렵게 하고, 청소년들에 대한 이웃의 애정어린 관심이 거의 없기 때문에 범죄와 비행을 저지르는 배경이 된다. 약화된 공동체 연대와 그로 인해 고착된 하위문화가 개선되지 않으면 자연스럽게 범죄문화가 형성되는 것이다.

여러 개의 제시문이 등장하면 긴장하는 학생들이 있다. 물론 서로 다른 글 여러 편을 읽고 글을 쓰려다 보면 좀 산만한 느낌이 드는 것은 어쩔 수 없다. 하지만 반대로 생각하면, 글이 여러 편이면 대신 분량이 짧아질 수밖에 없는데다가, 1번 논제처럼 '상반된 두 입장으로 분류하고, 입장들을 한꺼번에 요약하라'고 요구하는 경우에는 그야말로 상세한 설명들까지는 필요 없이 중심적인 입장과 논지만 파악하면 되기 때문에 더 쉽다고 볼 수도 있다.

우선 제시문 ①은 범죄의 원인 중 '낙인'의 중요성에 대해 이야기한다. 한 번 범죄자로 낙인이 찍히면 '부정적 자아'에 의해, 그리고 사회적인 기대에 의해 범죄를 저지르는 '2차적 일탈'을 하게 된다는 것이다.

제시문 ②는 유아기의 중요성을 설명한다. 유아기에 부모와 친밀한 관계를 형성했는가 여부가 반사회적 충동을 통제할 수 있는지 여부와 연결된다는 것이다. 즉, 범죄는 본능에 의해 저질러지며, 그 본능을 통제할 수 있는 능력은 유아기에 부모와 친밀한 관계를 형성함으로써 얻어진다는 것이다.

제시문 ③은 신체적 특징과 유전자가 범죄 성향을 결정한다는 주장을 소개한다. 근육질 유형이 마르거나 살이 많은 유형보다 범죄 성향이 강하며, XYY염색체를 가진 사람들도 범죄 성향이 강하다는 주장들이 있다고 한다.

제시문 ④는 범죄자 개인의 능동적, 합리적 선택과 결정에 주목해야 한다고 설명한다. 범죄는 처벌이라는 위험을 무릅쓰고 감행할 만한 이익이나 이유가 있는 특수한 상황일 때, 개인의 결단에 의해 저질러진다는 것이다.

제시문 ⑤는 사회학자 에밀 뒤르켐의 '아노미' 개념을 설명한다. 사회의 정당한 권위가 개인적 욕망을 제어하지 못할 때 범죄가 일어나게 된다는 것이다.

제시문 ⑥은 개인보다도 '범죄 문화'에 주목한다. 이웃과의 관계가 해체되고 공동체의 연대가 약화되는 지역에 '범죄 문화'가 형성되기 쉬우며, 그런 지역에서 흔히 범죄가 일어나게 된다는 것이다.

여섯 개의 제시문은 모두 '범죄의 원인'이라는 주제에 관한 글이다. 하지만 모두 다른 이야기를 하고 있다. 그럼에도 불구하고 [문제 1]에서는 모든 제시문을 두 가지로 분류하고 그 입장을 요약하라고 요구하고 있다.

굳이 두 가지 입장으로 분류한다면, 어떤 것이 가능할까? 범죄의 요인을 '선천적'인 것으로 보는 쪽과 '후천적'인 것으로 보는 쪽으로 나눌 수도 있을 것이다. 하지만 그러자면 제시문 ③만이 '선천적'인 것에 해당하고 나머지가 모두 '후천적'인 것에 해당할 텐데, 그러면 일단 균형이 좋지 않을 뿐만 아니라 '후천적'이라는 쪽의 입장을 종합하기가 난감해질 수도 있다.

그래서 '개인적 요인'으로 보는 쪽과 '사회적 요인'으로 보는 쪽으로 구분하는 것이 좀 더 타당하다고 생각할 수 있다. 제시문 ②, ③, ④를 개인적인 요인으로, ①, ⑤, ⑥을 사회적인 요인으로 분류할 수 있다.

답안은 대략 이렇게 구성해보면 무난하다.

▶ 범죄 원인을 개인적 요인에서 찾는 입장

: 제시문 ②는 유아기에 부모와 친밀한 관계를 형성하지 못한 이들이 반사회적 충동 통제에 어려움을 겪게 되고, 그 결과 범죄를 저지르는 성향이 강하다고 설명하고 있다. 또한 제시문 ③은 몸매가 근육질인 경우에 범죄 성향이 강하다거나, 예외적으로 XYY염색체를 가진 사람들이 범죄 성향이 강하다는 것처럼 신체적 특징 속에서 범죄의 원인을 찾는 주장들을 소개하고 있다. 그리고 제시문 ④는 무엇보다도 범죄가 처벌이라는 위험을 무릅쓰고 감행할 만한 이익이나 이유가 있는 특수한 상황일 때, 개인의 결단에 의해 저질러진다는 점에 주목한다. 이 세 제시문은 범죄의 원인을 범죄자 개인의 신체적 특징이나 환경적 특징에서 찾는다는 공통점을 가지고 있다.

▶ 범죄 원인을 사회적(구조적) 요인에서 찾는 입장

: 제시문 ①은 한 번 범죄자로 '낙인'이 찍히면 '부정적 자아'에 의해, 그리고 사회적인 기대에 의해 범죄를 저지르는 '2차적 일탈'을 하게 된다는 점에 주목하며, 제시문 ⑤는 사회학자 에밀 뒤르켐의 '아노미' 개념을 빌어 사회의 정당한 권위가 개인적 욕망을 제어하지 못할 때 범죄가 일어나게 된다고 설명한다. 그리고 제시문 ⑥은 이웃과의 관계가 해체되고 공동체의 연대가 약화되는 지역에 '범죄 문화'가 형성되기 쉬우며, 그런 지역에서 흔히 범죄가 일어나게 된다는 것이다. 즉, 이 세 개의 제시문은 범죄자 개인의 특성보다는, 그가 어떤 사회적 환경

속에서 어떤 관계를 맺고 어떤 시선을 받으며 살아가는지가 범죄 여부를 결정짓는다는 공통적인 관점을 가지고 있다.

[문제 2]에서는 위의 [문제 1]에서 정리한 어느 한 쪽의 입장을 비판하라고 요구한다. 물론 〈보기 1〉의 해석을 활용하라는 전제조건이 붙어 있다. 그럼 우선 〈보기 1〉부터 해석해보자.

〈보기 1〉에서는 사형당한 청소년 범죄자 14명의 특징들을 제시하고 있다. 특징 항목은 모두 5개인데, 그 중 '개인적 요소'에 해당하는 것은 '입원이 필요할 정도의 중추신경 계통 이상', '정신질환 및 유년기 정신병적 질환 진단', '지능(IQ) 90 이상' 등 세 가지이며 '사회적 요소'에 해당하는 것은 '심각한 신체적 학대 경험'과 '성인에 의한 성추행 경험'의 두 가지라고 볼 수 있다.

14명의 청소년 사형수들은 다섯 가지 항목 모두에 대해 높은 답변 비율을 보였는데, IQ 90에 미달하는 이와 신체적 학대를 경험한 이가 12명(IQ 90 이상인 2명을 제외한)이고 중추신경 계통이나 정신병적 질환을 가진 이도 각각 8명과 7명으로 절반을 넘었기 때문이다. 그리고 성추행 피해를 경험한 이도 5명으로, 1/3 이상에 해당했다.

이런 점들은 범죄 원인이 '개인적 요소'라는 입장과 '사회적 요소'라는 입장 중 어느 쪽을 지지하는 근거가 되며 어느 쪽을 비판하는 근거가 될 수 있을까?

이 논제를 풀어가면서 가장 주의할 점은, 5가지 항목 중 2개 혹은 3

개를 선택하고 나머지는 무시하면서 자신이 선택한 한 입장을 지지하
거나 비판하는 방식의 서술이다. 예컨대 '질병을 가지고 있거나 지능이
낮은 경우가 많다는 점을 통해 범죄는 개인적 요인에 의해 발생한다는
주장이 뒷받침 된다'거나 '신체적 학대나 성추행 경험을 가진 경우가 많
다는 점에 비추어 사회적 요인들이 범죄 발생 원인을 설명하는 데 중요
하다'는 식의 서술은 곤란하다는 것이다. 그것은 단면적인 설명이며, 반
론에 취약하기 때문이다.

〈보기 1〉에서 드러나는 자료들은 개인적 요소들의 중요성을 보여주
는 경향이 강하지만, 사회적 요소의 영향도 무시할 수 없음을 보여준다.
따라서 개인적 요소의 중요성을 지지하면서 반대 쪽 입장을 비판하는
서술을 하더라도, 사회적 요소의 중요성을 제시해야 한다. 그러나 사회
적 요소의 중요성을 보여준다고 제시한 특징 항목이 정말 적절한 근거
인지에 대한 비판을 덧붙일 수 있다면 금상첨화다. 예컨대 다음과 같은
전개라면 무난할 것이다.

[문제 1]에서는 범죄의 원인에 대한 두 가지 입장이 나타났다. 즉, 개
인적 요인에서 찾는 쪽과 사회적 요인에서 찾는 쪽으로 나뉜다.
하지만 미국에서 사형을 당한 미성년 범죄자 14명 중 절반 이상이 중
추신경 계통이나 정신병적 질환을 안고 있었고, 대부분인 12명의 지
능(IQ)이 90에도 미치지 못했다는 〈보기 1〉의 자료들은, 개인적인 요
소들이 범죄 행위에 큰 영향을 미쳤다는 주장을 뒷받침해준다.

물론 그들 중 대다수인 12명이 신체적 학대 경험을 가지고 있으며 1/3 이상에 해당하는 5명이 성추행 피해 경험을 가지고 있다는 점을 들어 '사회적 요인'의 중요성이 드러난다는 주장을 할 수도 있다. 하지만 그것 역시 '낙인'이나 '사회적 연대와 문화' 같은 사회 구조적 요인보다는 성장과정과 같은 개인적인 환경에 가깝다는 점을 고려해야 한다. 그런 점에서 그것 역시 오히려 '개인적 요소'의 중요성을 강조하는 근거로 해석할 수 있다.

04

글쓰기
실전 전략

15 개요 짜기

↘ 가분수, 샛길, 횡설수설을 경계하라

처음 긴 글을 쓸 때 흔히 범하는 문제점들이 몇 가지 있다. 우선 '가분수'다. 앞부분은 너무 길게 늘어지다가 중반부터 점점 짧아지는 형태의 글이다. 그리고 '샛길로 빠지기'. 이것은 이 이야기로 시작해서 저 이야기로 끝나는 방식이다. 그 다음은 '횡설수설'인데, 찬성하다가 반대하다가 다시 찬성하는 식으로 논지가 오락가락 하는 글을 말한다. 하지만 이런 여러 가지 문제들은 결국 한 가지 원인에서 비롯된다. 바로 제대로 깊이 생각한 다음 쓰지 않았기 때문이다. 논술 글쓰기에서 가장 중요한 습관은 바로 '생각하면서 쓰는' 것이다.

여러분은 1,000자(200자 원고지 5매) 정도 길이의 글 한 편을 쓸 때 중간에 몇 번쯤 쉬어가는 것 같은가? 아마도 적으면 한두 번, 많으면 너댓 번 이상은 머리도 쥐어뜯고 한숨도 쉬고 볼펜도 몇 번 굴려가면서 써내려갈 것이다. 그런데 상식적으로 생각해보자. 그렇게 쉬어가는 대목 앞과 뒤의 글은 같은 흐름의 글일까, 아닐까? 당연히 아닐 것이다. 어떤 경우든 글이란 생각의 반영이며, 쉬어간다는 것은 새로운 생각을 짜내거나 생각의 방향을 조율하는 순간이기 때문이다. 따라서 그렇게 세 번을 쉬어간다면 글은 네 토막이 나게 되는 것이며 다섯 번 쉬어간다면 여섯 토막이 날 수도 있다.

그러면 어떻게 해야 할까? 당연히 쓰면서 생각하는 것이 아니라 '생각을 마친 다음에 글쓰기를 시작하는' 상식을 택해야 한다. 바로 구상을 하고, 메모를 하고, 개요를 짜고, 충분히 검토해 수정한 다음 글쓰기를 시작하는 방식이다. 여기서 '개요'라는 말이 나왔는데, 생각을 마친 다음 그것을 글쓰기에 반영하기 위해 그려두는 설계도를 뜻한다.

논술문은 아니지만, 좋은 수필 한 편을 놓고 글과 개요가 맺는 관계를 살펴보자. 번역가로 유명한 이윤기 선생의 글이다.

보기보다 큰 자동차

지난 10년 동안, 배기량 800cc에 불과한 소형 승용차로부터 5800cc에 이르는 대형 승용차까지 두루 운전해보고 나서 얻은 잠정적 결론이 하나 있다. 그것은 배기량이 같을 경우, 자동차 덩치는 작으면 작을수록 좋다는 것이다. 무조건 작으면 작을수록 좋다는 뜻이 아니다. 여기에는 '배기량이 같을 경우'라는 단서가 붙는다. 자동차 회사는 펄쩍 뛰겠지만, 그럴 것 없다. 나는 우리 정신 살림살이의 모습을 말하고 있다.

우리가 '폭스바겐'이라고 발음하는 독일어 '폴크스바겐'은 '국민차'라는 뜻이다. 미국에서는 '복스왜건Volkswagen'이라고 부른다. 같은 뜻이라고 보아도 무방하다. 그런데 폴크스바겐의 주종 상품이 '비틀(딱정벌레)'이라는 별명이 붙은 꼬마 자동차인 것에 주목할 필요가 있다(한동안 중단되었던 이 꼬마 자동차 생산이 최근에 재개되었다). '국민차'라는 이름을 이 꼬마 자동차에게 붙인 속사정의 뜻이 깊다. '딱정벌레' 탈 정도만 되어도 벌써 평균적인 국민의 수준에 이르렀다는 암시가 여기에 묻어 있다. 그 이상은 여유로움이다.

폴크스바겐의 명품 꼬마 자동차의 신문 잡지 광고가 볼만했다. 본지 참 오래되었는데도 기억에 선명하게 남아 있다. 넓은 광고지면 한가운데, '딱정벌레' 자동차가 한 대 그려져 있고, 그 밑에 짧은 광고 문안이 작은 글씨로 박혀 있다.

"작은 것이 아름답다."

'작은 것이 아름답다'는 명제는 일찍이 경제학자 슈마허가 명저 『작은 것이 아름답다』에서 그 '작음'의 미학, 운용하는 경제 규모의 '작음'이 지니는 유연한 기동성의 여유로움을 찬양한 바 있다.

그러나 '작은 것이 아름답다'는 '작은 것'에 대한 무조건적 찬양이 아니다. 슈마허나 폴크스바겐 회사는 그러면 어떤 것을 '작은 것'이라고 부르고 잇는가? 배기량 2000cc 엔진을 탑재하면 그럭저럭 쓸 만한데도 불구하고 그보다 더 큰 엔진을 탑재한 자동차, 그 정도 자동차를

탈 수 있는 형편인데도 불구하고 그보다 더 작은 자동차를 타는 경우의 그 '작음' 혹은 '작게 보임'그리고 그 '작게 보임'에서 오는 여유로움과 강력한 기동능력을 찬양하고 있는 것이다.

한국의 자동차에서 내가 받은 인상은 대체로, 껍데기 크기에 견주어 엔진이 너무 작다는 것이다. 거꾸로 말하면 배기량에 견주어 껍데기가 너무 크다는 것이다. 그래서 오르막이라도 오를 때면 고르릉고르릉, 매우 힘겨워한다는 것이다. 자동차가 하도 힘들어해서, 한 손으로 에어컨 스위치 잡고, 오르막 오를 때마다 에어컨 끄면서 운전해본 경력이 나에게 있다. 과열하면 속도가 안 난다. 기관총도 그렇다. 총열이 과열하면 사거리가 제대로 나지 않는다.

나라나 집안 경제의 운용에 대해서도 같은 말을 할 수 있다. 한 개인이 지니는 '가용출력'과 밖으로 드러나는 '실제 출력'에 대해서도 같은 말을 할 수 있다. 요컨대' 알탕갈탕' 혹은 '간신히'들 버티고 있다는 것이다.

소설가 이문열이 집안의 경제에 대해 한 말 한마디, 들어둘 만하다.

"나는 가진 것을 다 털어 넣어서 뭘 사는 스타일이 아니라⋯⋯."

그의 소설이 가파른 오르막길에도 고르릉거리지 않는 까닭을 알겠다.

요즘 들어 내 머리를 떠나지 않는 영어 명령문이 한 구절 있다. 우리말로 어떻게 번역했으면 좋을지 몰라서 궁리에 궁리를 거듭하고 있다. 풀어서 번역해보자면, '되기는 큰 것이 되어도 보이기는 그보다 더 작게 보여라'에 가깝다. '보기보다 큰 놈이 되어라'로 새겨도 무방하겠다. 고백하거니와 가진 것 이상으로 드러나기를 바라면서 살아온 나의 삶은 참으로 고단했다. 그 신산스럽던 내 삶에서 이제 겨우 이 한 구절을 건져 올렸다.

BE MORE, SEEM LESS…….

기본적으로 이 수필의 내용은 이렇다.

- 독일 차는 크기는 작지만 엔진 힘이 강해서 여유롭다
- 하지만 한국 차는 크기에 비해 힘이 약해 오르막길에서 힘겹다
- 살림이나 글도 마찬가지다. 실제 능력보다 무리하면 힘겹고 여유가 없다
- 요즘 'Be more, seem less'라는 말이 계속 머리에 맴돈다

결국 글의 주제는 '실제보다 겉으로 더 크게 드러나 보이려고 하면 여유가 없고 무리가 된다'는 것이다. 돈 씀씀이도 그렇고, 능력도 그렇다. 남들에게 잘 보이는 것보다 내실을 채우는 것이 중요하다는 이야기다. 특히 마지막 문단의 여운이 길다. 이윤기 선생 스스로 '겉모습보다 내실을 다져야 할 텐데……' 하며 반성하고 고민한다는 것을 보여주기 때문이다.

그런데 이 글을 쓰기 위해 이윤기 선생은 어떤 과정을 밟아갔을까? 먼저 '겉보기보다는 실속에 더 집중하자'는 주제를 정했을 테고, 그 다

음 그 주제를 전달하기 위해 사용할 사례들을 모았을 것이다. 자동차 이야기, 소설가 이문열 이야기, 혹은 기관총이나 요즘 번역하고 있는 문장 이야기……. 그 밖에도 이것저것 떠오르는 것들을 마구 낙서하듯 메모했을 것이고, 그 다음 좋지 않거나 중복되는 것들을 차례로 지워나갔을 것이다. 그리고 남아 있는 내용들 중에 무엇을 먼저 꺼내고 무엇으로 이어갈지 결정해서 순서를 부여했을 테고, 그렇게 대략 생각의 가닥이 잡힌 다음 개요를 만들었을 것이다. 다음은 이 수필의 개요다.

- ▶ 10년 운전 경력의 결론 : 배기량이 같다면 덩치는 작을수록 좋다.
- ▶ 독일 차 폭스바겐의 소형차인 '비틀'은 '작은 것이 아름답다'고 광고한다.
- ▶ 그것은 작음에서 오는 여유로움과 강력한 기동능력에 대한 찬양이다.
- ▶ 한국의 자동차는 크기에 비해 힘은 약하다. 그래서 오르막길에서 힘겨워한다.
- ▶ 자동차 뿐 아니라 모든 일이 그렇다.
- ▶ 이문열의 소설이 고비에서도 '고르릉거리지 않는 이유'가 그 때문이다.
- ▶ 요즘 'Be more, seem less'라는 영어 문장을 어떻게 번역할지 고민 중이다.

저 개요에 살만 붙이면 그대로 글이 완성되는 것이다.

그래서 역설적이게도, 글 자체를 쓰는 시간보다 개요를 만드는 데 드는 시간이 더 많을 수도 있다. 물론 논제와 제시문의 지시에 따라 쓰는 논술문에서는 좀 다르지만, 어쨌든 단단한 개요를 만드는 데 많은 노력을 기울여야 하는 것은 마찬가지다.

↘ 개요는 글의 설계도이자 밑그림이다

대개 수필보다는 논술문의 개요를 짜는 것이 좀 더 쉽다. 논제의 요구 사항을 따라가면 되기 때문이다. 다음 예문을 보자. 앞서 10강에서 다뤘던 어느 대학의 모의고사 기출논제인데, 여기서는 제시문은 생략하고 논제만 살펴보자.

문제

다음 ㉮, ㉯, ㉰에 내포된 공통의 문제를 추출하고, ㉱가 제기하고 있는 개념을 참고하여 이 문제의 원인을 분석한 후, ㉰의 문제를 해결할 수 있는 방안에 대하여 현재의 맥락에서 논술하시오.

논제의 요구사항은 세 가지다. 따라서 한 편의 논술문 속에 포함시켜야 하는 요소도 세 가지다. 절대 이것이 빠져서는 안 된다. 그렇다면 먼저 그 세 가지를 개요 작성의 기둥으로 삼아야 한다.

1. 제시문 ㉮, ㉯, ㉰에 내포된 공통의 문제를 추출
2. 제시문 ㉱가 제기하고 있는 개념을 참고하여 원인을 분석
3. 제시문 ㉰에 나타난 문제를 해결할 수 있는 방안 논술

제시문을 읽기 전에 미리 이렇게 기초를 잡아 놓고, 제시문을 읽어 가면서 저 세 줄의 뼈대에 살을 붙여가야 한다. 그래서 늘 제시문보다 논제를 먼저 읽어야 한다. 그러면 써야 하는 글의 윤곽이 파악될 수 있을 뿐만 아니라, 각 제시문이 대략 어떤 내용이고 서로 어떤 관계가 있는지 알 수 있기 때문이다. 이 논제에서는 위와 같이 개요의 뼈대를 만든 다음, 아래와 같이 좀 더 세밀하게 내용의 틀을 만들 수 있다.

1. 공통의 문제는 무엇인지
2-1. ㉱의 개념은 무엇인지(어떻게 설명할 것인지)
2-2. 그 개념을 활용하여 원인을 어떻게 분석할 것인지
3. 해결책은 무엇인지(특히 반드시 '현재의 맥락' 속에서)

각각의 항목에 대해 어떤 내용을 넣어야 할지 파악하고, 결정해서

메모까지 했다면 일은 거의 다 됐다. 이렇게 개요가 완성되면, 글은 완성된 것이나 다름없다. 이미 완성된 설계도대로 따라서 쓰기만 하면 되기 때문이다. 이제 더 이상 다시 생각하고 고민하고 간격을 둘 필요가 없기 때문에, 맨 앞에서 본 '가분수-샛길-횡설수설'의 문제에 빠질 걱정도 없다.

그런데 그 전에 한 가지 더 생각해야 할 것이 있다. 개요는 설계도이며, 밑그림이다. 초등학생 시절 처음 수채화를 그릴 때 밑그림 없이 마구 물감부터 칠해대다가 망쳐본 경험이 있을 것이다. 그래서 연필로 밑그림을 그리며 충분히 계획하고, 그 계획대로 색을 칠하는 과정을 익히게 된다. 그런데 밑그림을 그리는 것보다 더 중요한 과정이 있다. 바로 밑그림을 놓고 완성된 그림의 모양을 상상하며 고치는 과정이다. 밑그림조차도 한 번에 완성되는 것이 아니라, 여러 번 지우고 고치고를 거친 끝에야 완성된다는 것이다. 마찬가지로 개요도 짜는 것 못지않게 검토하고 수정하는 과정이 필요하다.

설명을 들으면서 확실히 이해가 된 사람도 있고, 그렇지 않은 사람도 있을 것이다. 이럴 때 가장 확실한 방법은 역시 어떤 논제든, 실제로 이런 과정을 거치면서 한 번 써보는 것이다. '방법에 대한 이해'를 하기 위한 것이니까 굳이 어렵고 생소한 글을 쓰려고 할 필요도 없다. 지난 주말 인상 깊게 봤던 어느 TV프로그램의 감상평도 좋고, 얼마 전에 이미 한 번 써봤던 만만한 논제도 좋다. 구상을 하고, 세부적인 내용을 구성한 다음, 메모하고 개요를 짜고 검토한 다음 시작해보라. 충분한 시간을 가지고 한 번만 성공한다면, 그 뒤로는 연습이 반복될 때마다 시간이 단축되고 각 단계가 원활하게 연결되어간다는 것을 느낄 수 있을 것이다.

16 단락 짓기

↘ 단락도 하나의 의미 덩어리이다

논술문 한 편을 채점하는 데 어느 정도의 시간이 걸릴까?

과거 대부분의 학교 논술시험이 1,600자 정도 분량의 한 문항으로 출제되던 시절, 답안지 한 장을 채점하는 데 대략 3분 내외가 소요된다는 말이 있었다. 그래서 '그렇게 대충 훑어보고 점수를 매긴다면 선풍기 앞에서 날려서 가장 멀리 날아가는 순서대로 점수를 매기는 것과 무엇이 다르냐'라는 우스갯소리가 나오기도 했다. 하지만 3분 만에 한 장을 채점한다고 해서 '점수를 대충 매기는' 것은 결코 아니다. 물론 실제로 그보다는 긴 시간이 소요되었겠지만, 3분이라는 시간이면 충분히 (아무리 수천 편의 논술문이라고 하더라도) 논제에 따라 일정한 패턴을 가지는 글들의 우열을 판단할 수 있다. 무엇보다도 결정적으로 논술을 채점하는 사람들은 문장이 아닌 문단 단위로 의미를 파악할 수 있기 때문이다.

수필이나 소설은 단어와 문장으로 미세한 의미와 감정을 전달하지만, 논술문이나 설명문 같은 글들은 문단의 구성을 통해 의미를 전달한다. 다시 말하자면, 논술문은 단어 하나 문장 하나를 읽어가며 의미를 음미하는 글이 아니다. 각 단락이 어떤 기능을 하고 어떤 내용으로 채워졌는지를 간파해가는 식으로 읽어낼 수 있다는 것이다. 나무가 아닌 숲의 윤곽과 구도를 통해 논리전개의 흐름과 방식을 충분히 파악할 수 있기 때문이다. 그리고 바로 그런 점에서도 단락을 효율적으로 구성하기 위한 '개요'가 중요한 것이다.

단락이 엉뚱하게 나뉘거나 잘못 연결될 때, 사소한 실수에서 비롯되는 것이라도 치명적인 결과를 초래할 수 있다. 전체 글의 의미 자체가 엉켜서 전달되기 때문이다. 이번에는 단락을 좀 더 자세히 이해하고, 또 단락을 연결하고 나누는 방법에 대해 설명해볼까 한다.

우선 간단한 예문 하나를 살펴보자.

한 유명 연예인의 아들이 하버드대를 '수석' 졸업했대서 온통 법석을 떨었던 것은 우리 사회의 후진적 속내를 드러낸 씁쓸한 해프닝이었다. 하버드대학에서 우수 졸업논문 명단에 들어 있다는 것이 '수석 졸업'으로 둔갑되어 그토록 세상을 떠들썩하게 하다가 하버드대학 당국에서 '졸업성적에 따로 석차를 내지 않는다'는 공식성명까지 내게 했던 것이다. 우선 이러한 해프닝의 1차적 책임은 언론에 있다. 미국의 명문 하버드대학을 우수한 성적으로 졸업하는 데다, 유명 연예인의 아들이라는 점 등 대중의 흥미를 끌 수 있는 요건을 두루 갖춘 뉴스인 것만은 분명하다. 그러나 해당 대학에 전화 한 한번만 했더라도 그토록 요란한 소동은 벌이지 않았을 것이다. 또한 학습 성과를 오로지 등수로 매겨야 직성이 풀리는 우리 사회의 획일적 교육관에도 책임이 있다. 언론이 '흥미' 보다 '사실'에 주목할 때, 그리고 어느 대학을 몇 등으로 졸업했느냐보다는 무엇을 어떻게 배워 어떤 인간형으로 성숙했느냐가 교육의 척도가 될 때 그 사회의 가치관은 비로소 제자리를 잡는 것이다.

(1993년 10월 22일. 〈경향신문〉 사설)

전혀 단락 구분이 되어 있지 않은 글인데, 적절한 곳에서 나누어보자. 어디에서 나누면 좋을까? 읽다 보면 대략 느낌이 있을 것이다.

단락구분에 대해서 정해진 원칙은 없다. 하지만 객관적 의미의 전달을 생명으로 하는 논술문과 설명문에서 단락구분은 아주 중요하다. 단락은 하나의 의미, 하나의 기능을 담당하는 글의 덩어리라고 보면 적절하다. 그래서 매 단락에는 주제 문장이 있고, 그것을 중심으로 한 줄의 요지로 압축될 수 있다. 위의 글도 압축해보면 다음과 같다.

- '연예인 아들의 하버드 수석졸업 소동'은 우리 사회의 후진성 드러낸 해프닝
- 그 1차적 책임은 흥미에 집착, 사실보도 외면한 언론에 있다

- 석차에만 집착하는 우리의 획일적인 교육관도 문제다
- 사실을 보도하는 언론, 석차보다 배움의 내용을 중시하는 것이 올바른 가치관이다

짤막한 글이지만, 내용상 이렇게 네 개 정도의 단락으로 구분할 수 있다. 그래서 단락을 지어보면 이런 모양이 된다.

한 유명 연예인의 아들이 하버드대를 '수석' 졸업했대서 온통 법석을 떨었던 것은 우리 사회의 후진적 속내를 드러낸 씁쓸한 해프닝이었다. 하버드대학에서 우수 졸업논문 명단에 들어있다는 것이 '수석 졸업'으로 둔갑되어 그토록 세상을 떠들썩하게 하다가 하버드대학 당국에서 '졸업성적에 따로 석차를 내지 않는다'는 공식성명까지 내게 했던 것이다.

우선 이러한 해프닝의 1차적 책임은 언론에 있다. 미국의 명문 하버드대학을 우수한 성적으로 졸업하는 데다, 유명 연예인의 아들이라는 점 등 대중의 흥미를 끌 수 있는 요건을 두루 갖춘 뉴스인 것만은 분명하다. 그러나 해당 대학에 전화 한 한번만 했더라도 그토록 요란한 소동은 벌이지 않았을 것이다.

또한 학습 성과를 오로지 등수로 매겨야 직성이 풀리는 우리 사회의 획일적 교육관에도 책임이 있다.

언론이 '흥미' 보다 '사실'에 주목할 때, 그리고 어느 대학을 몇 등으

로 졸업했느냐보다는 무엇을 어떻게 배워 어떤 인간형으로 성숙했느냐가 교육의 척도가 될 때 그 사회의 가치관은 비로소 제자리를 잡는 것이다.

저렇게 한 덩어리로 묶여 있는 경우와 단락별로 구분되어 있는 경우, 가독성이 확실히 달라진다. 그래서 논술시험의 제시문은 종종 일부러 단락구분을 하지 않은 채 제시되기도 한다. 끊어 읽는 능력을 보기 위해서다. 하지만 논술문을 쓰는 입장에서는 다르다.

↘ 단락 나누기는 왜 중요한가?

논술문 쓰기는 참 불공평한 글쓰기라고 할 수 있다. 보통의 경우에는 글을 쓰는 사람이 읽는 사람보다 많이 아는 법이지만, 논술문은 그렇지 않다. 게다가 논술문을 읽는 독자는 그냥 읽고 생각하고 느끼는 것이 아니라 나름의 기준에 따라 점수를 매기는 채점자이다. 특히 논술시험은 왜 그렇게 채점을 했는지 밝히고 해명하지도 않는다. 혹시라도 읽는 사람이 표현의 의미를 오독하여 잘못된 점수를 주었다고 해도 글을 쓴 사람은 항의나 수정요청은커녕 그 사실을 알 수조차 없다. 그러니 어쩌겠는가. 쓰는 입장에서는 최대한 분명하게, 그리고 친절하게 쓰는 수밖에 없다. 단락을 정확히 구분하는 일은 글의 논지를 정확히 전달하기 위한 가장 기본적이고 우선적인 노력이라는 점을 잊지 말아야 한다.

단락의 배치 방식에 따라 글의 논리전개 방식이나 분량도 바뀐다. 대표적으로, 주제 문단을 어디에 배치하느냐에 따라 두괄식과 미괄식으로 나뉜다. 두괄식은 대개 '주장 + 근거'의 방식으로 구성되며 미괄식은 '문제제기 + 논거 → 결론'의 구조를 갖는다. 다음 예문을 보면 그 차이가 느껴질 것이다.

1.

▶ 체벌문제를 해결하기 위해 교육목표의 다원화가 필요하다.

▶ 왜냐하면, 대부분 과잉체벌은 수업에 참여하지 않는 학생을 통제하는 과정에서 나오기 때문이며

▶ 학교교육이 소수의 학생들에게만 현실적인 의미가 있는 대학입시에만 몰입하는 한 구조적으로 다수의 학생들이 소외될 수밖에 없기 때문이다.

2.

▶ 현재 학교의 교육목표는 대학입학시험으로 획일화되어 있다.

▶ 하지만 모든 학생이 명문대학에 들어갈 수는 없다. 따라서 근본적으로 학교교육에서 소외되는 학생이 있을 수밖에 없다.

▶ 그리고 교육과정에 무관심한 학생들의 일탈을 통제하는 과정에서 과잉체벌이 나타나곤 한다.

▶ 따라서 체벌 방법에 관한 논쟁은 지엽적인 것일 뿐이며, 근본적인

해결책은 학교가 다원화된 교육목표를 제시하고 운영함으로써 모든 학생들이 소외되지 않고 교육과정에 참여할 수 있도록 하는 것 뿐이다.

같은 주제도 이렇게 구성을 달리할 수 있다. 대개 두괄식은 짧은 글, 미괄식은 긴 글에서 주로 활용하는데, 대개 1,000자가 넘어가는 글이라면 미괄식, 그 이하라면 두괄식으로 구성해보는 것이 좋다. 글이 아닌 말로 표현하는 경우(구술)에도 두괄식이 유리하다.

문제유형이 확정된 경우에는 큰 의미가 없을 수 있지만, 글자 수를 계산하는 데 있어서도 단락의 속성을 잘 활용하면 도움이 될 수 있다. 정해진 것은 없지만 대략 한 단락을 250자에서 300자 정도로 쓰는 것이 일반적이다. 그래서 1,000자 짜리 글이라면 대략 3~4 단락으로 구성하면 적절하다.

그런데 최근 논술시험에서는 논제의 요구사항이 세밀해지고 있기 때문에, 단락을 자유자재로 구성하게 되는 경우는 점점 줄어들고 있다. 그보다는 반드시 들어가야 할 단락이 빠져 있거나, 단락들 간의 순서가 비정상적으로 엉켜 있거나 할 때 감점의 요소가 되는 경우를 더욱 경계해야 한다.

그래서 앞선 15강에서 설명했듯이, 개요를 짜고 검토하는 과정이 반드시 필요하다. 흔히 단락을 빠뜨리거나, 구분을 잘못하거나, 순서를 잘못 구성하는 오류는 개요 없이 단숨에 써내려가는 경우에 생기기 때문이다. 따라서 글을 쓸 때 뿐만 아니라, 스스로 글을 다시 읽으며 고쳐 갈 때도 자신의 글을 단락 단위로 묶으면서 읽고 문제점들을 찾아보는 습관을 들여야 한다.

개요를 검토할 때, 최종적으로 원고를 퇴고할 때도 마찬가지 요령으로 단락 구분에 오류가 없는지를 중요하게 다루어야 한다. 오류가 있다면, 교정부호를 사용해 분명히 표시하는 것이 '분명하고 친절한 글쓰기'의 마무리 과정이다.

17 좋은 문장 쓰기

↘ **비문(非文)은 채점자를 피곤하게 만든다**

2강에서도 이야기했듯이 표현력은 배점이 큰 영역이 아니다. 그래서 좋은 표현을 구사해야 한다는 부담을 떨치고 글쓰기를 일단 시작하는 것이 중요하다고 설명하기도 했다. 그렇다고 해서 표현을 다듬는 일을 끝내 무시해도 좋다는 말은 아니다. 혹시라도 논제의 난이도가 갑자기 떨어진다든가 하면 의외로 작은 부분에서 승부가 갈릴 수 있고, 또 무엇보다 내용을 정확히 전달하지 못하면 '표현력 점수'가 아닌 '내용에 해당하는 점수'를 감점당하는 억울한 상황이 생길 수도 있다.

예문부터 보면서 생각해보자.

1. 인류는 신석기시대에 이르러 농경을 시작하면서 비로소 안정된 생활을 영위하며 문화가 만들어지고 발전할 수 있었다.

2. 최근 아랍에서 불고 있는 민주화 열기는 인터넷의 보급을 중심으로 한 정보통신의 발달을 통해 인권에 대한 인식이 전 세계 곳곳에 남김없이 번져나가고 있는 현실을 보여주고 있는 한 가지 단면이라고 보여진다.

3. 우리나라에서 생산된 물건과 외국에서 생산된 물건의 가격과 질이 크게 차이가 나지 않는다면 가급적 애용하도록 노력하는 것이 반드시 민족주의자가 아니더라도 가져야 할 합리적인 자세다.

4. 여러 분야에서 동시다발적으로 치열한 경쟁이 벌어지는 국제사회에서 살아남기 위해서는 경제력뿐만 아니라 문화와 군사력과 외교력도 한층 강화시킴으로써 어느 분야에서든 최소한 후진국의 처지로 밀려나지 않는 것이 중요하다.

뭔가 어색한 글들이다. 글은 글이지만 글이 아닌 것, 그래서 비문(非文)이라고 부르는 문장들이다. 어떤 점이 잘못 되었을까?

우선 1번은 주어가 둘이다. '인류는'도 주어고 '문화가'도 주어다. 물론 '발전할 수 있었다'는 서술어와 연결되는 것은 '문화가'이기 때문에 그 앞의 '인류는 신석기시대에 이르러 농경을 시작하면서 비로소 안정된 생활을 영위하며'라는 부분은 다리를 가지지 못한 머리 꼴이 됐다. 이렇게 되면 전체적으로 문장의 의미가 늪으로 빠져 들어가는 느낌을 주게 된다.

2번은 '보여준다'는 서술어가 두 번 반복해서 사용되고 있다. 1번이 머리가 두 개인 기형이라면, 2번은 하반신이 두 개인 기형이다. 게다가 '보여진다'는 마지막 문장은 '보이다'와 '~해진다'라는 피동의 의미가 겹쳐서 사용된 오류다.

3번은 목적어가 없다. '~하다면 ~해야 한다'는 구조의 문장인데, 결정적으로 '무엇을'에 해당하는 부분이 없다.

4번은 적절하지 않은 목적어와 서술어의 연결이 들어 있다. '강화시킨다'는 서술어가 문화, 군사력, 외교력의 세 가지에 모두 연결되고 있는데, 그 중 문화는 '강화시킬' 성질의 것이 아니기 때문이다.

그런데 여기에서 이렇게 비문의 사례들을 일일이 살펴보면서 고쳐보자는 이야기를 하려는 것은 아니다. 정작 여기서 우리가 생각해봐야 할 것은 '이런 비문들이 나오는 이유는 무엇일까?'라는 문제다. 즉, 비문이 무엇이고 왜 잘못된 것이며 어떻게 고쳐야 하는가는 각자 따로 공부하도록 하고, 여기서는 그런 문제가 발생하는 원인을 짚어서 보다 큰 틀에서 대비해보자는 것이다.

왜일까? 문장과 표현에 대한 지식이 부족해서? 물론 그렇기도 하지만, 그보다 더 중요하고 커다란 원인이 있다. 바로 글에 대한 통제력을 잃어서. 즉, 문장을 마음대로 부리지 못해서다. 문장을 마음대로 부리지 못하면 자신의 생각을 충분히 표현할 수 없고, 자신도 모르게 자신의 의도와는 다르게 읽히는 글을 쓰게 되며, 읽는 이를 피곤하게 만든다. 쉽게 말하자면, 마치 다리가 땅에 닿지도 않는 어른용 자전거를 타는 아이처럼, 혹은 제 키보다도 훨씬 큰 칼을 휘두르며 전투를 벌이는 소년병처럼 문장구사에 능숙하지 못해 위태롭다. 그래서 결국 잘 구상하고 구성한 내용마저 충분히 전달하지 못해 억울한 감점을 당하기도 한다. 그렇다면 좋은 문장을 쓰기 위해서는 어떻게 해야 할까?

↘ 간결하고 명확하게 쓰자!

첫째, 짧게 쓰자. 짧게만 써도 대부분의 비문을 예방할 수 있다. 물론 짧은 문장이 무조건 좋다는 말은 아니다. 긴 문장으로써 작가의 감성과 호흡까지 더 풍부하게 전달하는 작가들도 많다. 하지만 짧아지면 최소한 알면서도 실수하는 경우는 확실히 줄어든다. 대부분 비문은 자신의 글이 한 눈에 파악되지 않거나 자신의 문장에 대한 통제력을 잃어서 생기는 일이기 때문이다.

둘째, 최대한 구체적인 개요를 만들자. 글 쓰는 순간 분명한 생각을 떠올리지 못했거나, 생각들을 분명히 정리하지 못했을 때 비문이 나올 가능성은 커진다. 비문까지는 아니더라도 복잡하고 애매한 표현이 나오기 쉽다. 따라서 개요를 최대한 구체적으로 쓰고, 자신이 해야 하는 이야기가 무엇인지 최대한 분명히 인식하고 있어야 한다.

셋째, 모르는 것을 아는 척하려고 하지 말자. 비문이나 난삽한 문장의 상당 부분은, 모르는 것을 아는 것처럼 보이도록 '넘겨짚으며' 쓰느라 벌어지는 일이다. 그런데 잘 아는 사람이 보기에 '아는 척 하는 사람'은 쉽게 드러난다. 특히 논술시험에서라면 수험생이 아무리 똑똑하다 한들 채점관보다 나을 수는 없는 일이다. 굳이 모르는 것을 아는 척 하지 말고, 아는 만큼만 분명히 쓰도록 하는 것이 최선이다. 그리고 중의적인 표현과 포괄적, 추상적 표현은 가급적 삼가도록 해야 한다.

넷째, 제시문을 베끼지 말자. 각각의 표현과 문장들은 전체 글의 흐름과 맥락 속에서 제대로 된 의미를 가진다. 그런데 제시문의 표현과 문장을 베껴 와서 글을 쓰다보면, 그 흐름과 맥락에서 떼어오는 것이기 때문에 오히려 제시문의 뜻과는 다르게 해석될 수 있다. 그리고 제시문과 답안은 목적과 성격이 완전히 다른 글이라는 점도 이해해야 한다. 제시문은 혼란을 만들고 힌트만 주는 글이지만, 답안은 명료하게 드러내는 글이어야 하기 때문이다.

다섯째, 비유법, 반어법, 설의법처럼 '물음표'를 구사하는 것을 주의하자. 어떤 경우가 됐든 문장 속에 물음표(?)가 등장한다면 독자로 하여금 반대편에서 스스로 생각해볼 것을 요구하게 된다. 하지만 논술문의 본분은 '상상하게 하는' 것이 아니라 '차분하고 꼼꼼하게' 설명하고 입증하는 것이다. 물음표는 가급적 사용하지 않는 것이 안전하다.

두 편의 예문을 비교하면서 위의 내용을 구체적으로 이해해보자.

1. 우리의 일상에서 흔히 접하고 있는 광고에 대해 보다 적극적이고

문화적인 관심을 갖지 않는다면, 우리는 소비 대중사회의 객체, 즉 방관자가 되는 것이다. 광고는 기업이 상품의 성능과 장점을 소비자들에게 알리는 데 머물지 않고, 그 상품이 필요하고 없어서는 안 될 것이라고 생각하게 만드는 문화적이고 기호적인 작용이기 때문이다.

2. 우리는 일상에서 수많은 광고를 접하며 산다. 하지만 그 광고에 대해 비판적인 관심을 가지지 않는다면 우리는 소비의 주체에서 객체로 전락하게 될 것이다. 왜냐하면 오늘날 광고는 단순히 상품의 성능과 장점을 소비자에게 알리는 것을 넘어, 그 상품이 필요하고 없어서는 안 될 것이라는 환각을 만들어내는 역할을 하고 있기 때문이다. 오늘날 광고는 단순한 정보를 넘어 일종의 문화와 기호를 만들어내고 있는 것이다.

똑같은 내용의 글 두 편이다. 위의 글을 조금 자르고 다듬어서 만든 것이 아래의 글이다. 물론 위의 글도 의미전달에 큰 무리는 없다. 하지만 조금 더 간결하게 고치니 훨씬 정확한 의미전달이 가능해진다. 구체적으로 어떤 점이 바뀌었는지 잘 살피면서 참고해보도록 하자.
예문을 하나 더 보자.

1. 제시문 ㉯는 소수 집단이 신정정치와 가부장적 문화 속에서 집단 결속 때문이라는 이유로 집단 권력을 이용하여 구성원들의 자유를 제

한하고 종교에 대한 것을 강요하고 여성을 억압하면서 집단의 권리를 중요하게 여기며 자유를 제한하는 것을 반대하며 집단 속에서의 차이를 인정해야 한다고 말하고 있다.

2. 제시문 ㈏는 집단 내에서 개인들의 차이가 인정돼야 한다고 말하고 있다. 그리고 집단결속이라는 이유로 구성원들의 자유를 제한하고 종교나 가부장적 가치를 강요해서는 안 된다고 말하고 있다.

이것 역시 1을 고쳐서 2로 만든 것이다. 읽어보면 누구나 확실히 간결해지고, 쉬워졌다는 것을 느낄 수 있다. 1번은 의미전달이 원활하지 못할 뿐 아니라 불필요하게 길다. 요약문제의 경우 글자 수도 중요한데, 저렇게 불필요하게 분량을 소모하면, 정말 넣어야 하는 내용을 누락하는 문제까지 발생한다. 하지만 2번은 불필요한 부분들을 줄이거나 중복되는 것을 합쳐서 간결해졌고, 문장의 의미는 더 구체화되었다.

논술 답안이란 굳이 어렵게 쓸 필요도 없고, 무지(無知)를 감추려 할 필요도 없다. 게다가 그렇게 한다고 해서 아는 것이 많고 심오한 생각을 한 것으로 인정해줄 사람도 없다. 쉬운 문장이 좋은 문장이며, 구체적이고 명확할수록 좋은 점수를 받을 수 있다.

18 퇴고의 기술

↘ 퇴고는 글쓰기의 마지막 리허설이다

1강에서 우리가 글쓰기를 어려워하는 이유는 '손과 눈의 불균형'이라고 설명했다. 그래서 우리가 해야 할 일은 '내 눈높이까지 글의 수준 높이기'라고 했다. 그러기 위해서는 자기가 쓴 글을 스스로 읽으면서 마음에 들 때까지 고쳐야 한다. 바로 그 과정을 '퇴고'라고 부른다. 그것은 평소에 연습 삼아 하면 '자신의 글을 스스로 채점하고 교정하며 고치는 기술'이 되고, 시험장에서 하면 마지막 5분, 10분 사이에 가장 치명적인 약점을 고치는 '최종 리허설'의 기술이 된다. 그렇다면 퇴고할 때는 어떤 순서로 어떤 것에 중점을 두고 해야 할까?

　가수들이 무대 위에서 공연을 할 때 귀에 무언가를 꽂고 있는 장면을 본 적이 있을 것이다. '인이어 이어폰'인데, 자신이 쥐고 있는 마이크를 통해 만들어진 자신의 목소리를 스스로 크게 듣기 위한 것이다. 그런 장치가 없을 때면 손으로 한 쪽 귀를 막으면서 노래를 부르기도 한다. 만약 그렇게 하지 않으면, 반주 소리와 관객들의 환호성 때문에 자신이 어떤 목소리를 내는지 인식하지 못하게 되고, 그러면 천하의 명가수라고 해도 음정이나 박자를 놓칠 수 있기 때문이다. 그래서 '음치클리닉'에서는 음치를 교정하기 위해 가수들이 쓰는 인이어 이어폰을 착용하게 하거나, 양동이를 쓴 채 노래를 부르게끔 하기도 한다. 자신이 내는 목소리를 들어야 끊임없이 조율을 하면서 정확한 음정을 찾아갈 수 있기 때문이다.

그런데 글쓰기에 있어서 대부분의 수험생들, 아니 대부분의 사람들은 모두 음치라고 할 수 있다. 글을 잘 쓰고 싶어서 학원을 다니고 습작을 하면서도 온통 써대기만 할 뿐, 스스로 읽지를 않는다. 그런 식이라면 아무리 많이 써도 글쓰기 실력은 늘지 않는다.

특히 논술문을 퇴고하는 것은 연습에서나 실전에서나 가장 중요한 과정 중 하나다.

퇴고의 원칙은 '채점관의 눈으로 나의 글을 스스로 읽고 검토하는 것'이다. 따라서 퇴고의 순서도 '채점의 순서대로', 그리고 '높은 배점요소부터' 점검해가야 한다. 다음과 같은 항목들에 집중해보기 바란다.

첫째, 일관성과 통일성이 유지되고 있는가?

초보자들이 흔히 범하는 오류로 '가분수-삼천포-횡설수설'이 있다고 설명한 적이 있다. 일관성이 유지되지 않는다는 것은 기본적으로 논술문이 갖춰야 할 설득력을 애초에 포기하게 만드는 일이다. 그래서 일관성과 통일성이 유지되고 있는지 여부는 글을 읽으면서 가장 먼저 확인해야 할 요소다. 특히, 서론-본론-결론으로 이어지는 글이라면 서론을 읽고 본론을 뛰어넘은 다음 곧바로 결론을 읽어보면, 과연 글이 일관성을 유지하고 있는지를 체크할 수 있다. 물론, 시험장에서 정말 자신의 글이 일관성을 유지하지 못하고 있다는 점을 발견했다면 정말 큰 일이 된다. 글의 기본적인 골격을 뜯어고치는 일이 퇴고를 하는 그 짧은 시간 동안 가능하지 않기 때문이다. 그래서 절대 그런 일이 있어서는 안 된다. 하지만 혹시 이미 그런 일이 발생했다면 무엇을 고쳐야 할까? 결론과 서론 중 어느 것이 본론과 괴리되었는지 확인해서 고쳐보도록 해야 한다.

둘째, 필수적인 요소(단락)가 누락되거나 중복되지 않았는가?

예컨대 해결책을 요구하는 논제라면, 당연히 '문제점을 지적하고, 원인을 분석하며, 대안을 제시하는' 단락들이 필요하다. 그런데 그 중 원인을 분석하는 단락이 빠졌다면? 당연히 그 때문에 해결책은 중구난방이 되어 있을 것이고, 엉뚱한 방향에서 수습하고 있을 가능성도 있다. 혹은 두 가지 입장을 비교하는 유형의 논제에 대한 글이라면, 두 입장을 요약하고 비교하고 판단내리는 부분들이 빠질 수 없다. 그 중 하나의 입장을 누락하고 다른 한 입장만 붙들고 늘어진다면 '일방적인 논술'이 되어 있을 가능성이 매우 크다. 그런 경우 누락된 요소를 넣는 것

뿐만 아니라, 그 요소가 누락됨으로써 굴절되고 왜곡된 다음 부분들도 한꺼번에 손을 봐야 한다. 그래서 이것 역시 개요를 검토하는 수준에서나 발견할 일이지, 글을 완성한 상태에서 발견하면 난감한 일이 될 것이다. (역설적으로 개요를 꼼꼼하게 짜고 검토하는 일의 중요성을 새삼 느낄 수 있다.) 이 부분을 검증하는 과정에서는 논제를 다시 한 번 읽고 되새겨보는 일도 필요하다. 논술문의 필수요소는 어쨌거나 글을 쓰는 사람이 결정하는 것이 아니라 논제의 요구에 따라 결정되기 때문이다.

셋째, 연결성분(접속부사)은 제대로 쓰였는가?

논술문은 하나하나의 단어와 문장이 아니라 단락들로 연결되는 글이라고 설명한 바 있다. 그렇다면 그 단락은 무엇으로 연결되는가? 바로 접속부사들이다. '그래서', '그러므로', '따라서', '그러나', '왜냐하면' 같은 접속부사들을 통해 단락과 단락의 관계가 표현된다. 그런데 '그러나'가 들어가야 할 자리에 무심코 '왜냐하면'이 들어간다면? 단순히 단어 하나의 선택이 제대로 되었는가의 문제가 아니라, 두 단락의 의미 전체가 혼돈 속으로 빠져 들게 하는 대참사를 빚게 된다.

넷째, 문장은 제대로 구사되었는가?

위에서 굵직한 오류들을 점검하고 수정했다면, 이제 세부적인 포장에 신경을 쓸 차례다. 바로 비문, 맞춤법, 띄어쓰기, 원고지 쓰는 법 등을 점검하는 순서다.

236

↘ 글을 쓸 때 퇴고하는 습관을 들이자!

퇴고의 과정이 얼마나 치열하게 이루어져야 하는지 이해했을 것이다. 마지막으로 잊지 말아야 할 사항은 시간배분을 할 때 최소한 5~10분 정도는 퇴고 시간으로 남겨놓는 일이다.

논제를 출제하는 사람들도 철저하게 시뮬레이션을 하고 검증해가면서 논제를 만든다. 따라서 시간이나 분량 모두 딱 필요한 만큼을 제시하게 되어 있다. 이상하게 분량이나 시간이 남거나 모자란다면 뭔가 문제가 있다는 뜻이다. 그것은 대개 꼭 들어가야 하는 요소가 빠졌거나, 불필요한 요소가 들어갔다는 신호이다. 또 많은 경우에는 뭔가 필요한 작업을 빼먹었거나 불필요한 작업을 했기 때문일 것이다. 그래서 글쓰기를 하다가 어느 부분에서 일부러 늘려 쓰거나 일부러 축약해서 쓴다는 느낌이 들면, 뭔가 빠지거나 중복된 것이 없는지를 돌아봐야 한다. 그러니까 혹시 생각보다 글이 술술 풀려서 이상하게 시간이 남았더라도 일찌감치 여유를 즐기지 말고, 끝까지 퇴고하고 수정하면서 소중한 시간을 알차게 보내야 한다.

시험장에서도 그렇지만, 연습할 때도 마찬가지 방식으로 자신의 글을 평가하고 지적하고 고쳐야 한다. 그리고 그렇게 스스로 자신의 글을 고치는 습관이 들게 되면 시험장에서도 퇴고과정이 원활할 뿐 아니라, 무엇보다 점점 퇴고할 내용들이 줄어들게 된다.

연습할 때는 원고지 한 장을 퇴고하고 수정할 때마다 자신이 고쳐야 할 점을 꼭 한두 개씩 짚어서 정리해 1, 2, 3 하는 식으로 적어놓기 바란다. 그렇지 않으면 글 속에 빠져들어 허우적거리게 되기 때문이다.

무작정 많이 쓰기만 하면 '내공이 쌓인다'고 생각해서는 안 된다. 생각 없이 써대기만 하는 연습으로는 얻을 것이 아무 것도 없다. 여러 번 쓴다는 것은 그만큼 여러 번 고칠 수 있고, 자신의 단점을 고칠 기회를 여러 번 가진다는 점에서 유익하다. 그 기회를 활용하지 못한다면 30번을 써도 부족하고, 잘 활용한다면 10번을 써도 충분할 수 있다.

지은이 김은식

스포츠, 청소년 교양, 전기, 에세이 등의 분야에서 30여 권의 책을 집필한 작가이며, 지은 책으로는 《장기려, 우리 곁에 살다 간 성자》《국기로 보는 세계사》《야구의 추억》 등이 있다. 그리고 2002년부터 10여 년간 대치동과 목동, 중계동의 초암논술아카데미, 프린키피아, 메가스터디 등의 입시학원에서 중고등 학생들을 대상으로 논술을 강의했고, 서울시 교육청을 비롯해 여러 학교와 교육단체에서는 교사와 학부모들을 대상으로 논술강의법을 강의했다. 또한 서울시청 시민대학과 하나센터, 대전민예총, 오마이스쿨 등 다양한 기관과 단체에서 일반인들을 대상으로 글쓰기를 가르치고 있으며, 2011년부터는 EBS 에서 논술 강사로 활동하고 있다.